WESTFÄLISCHE
WILHELMS-UNIVERSITÄT
MÜNSTER

Die Abbildung zeigt das Münsterische Schloss,
das Hauptgebäude der Westfälischen Wilhelms-Universität.

Schriften zum Revisionswesen

Herausgegeben von

Professor Dr. Dr. h.c. Jörg Baetge

und

Professor Dr. Hans-Jürgen Kirsch

Mittelstand im Blick: Compliance und Risikomanagement

von

Rainer Böhme, Carola Haselhof, Frank Hülsberg,
Hanno Merkt, Silvia Rohe, Stefan Schmidt

Beiträge und Diskussionen

zum 29. Münsterischen Tagesgespräch

des Münsteraner Gesprächskreises

Rechnungslegung und Prüfung e. V.

am 5. Juni 2014

IDW VERLAG GMBH

Düsseldorf 2014

© 2014 IDW Verlag GmbH, Tersteegenstraße 14, 40474 Düsseldorf
Die IDW Verlag GmbH ist ein Unternehmen des Instituts der Wirtschaftsprüfer in Deutschland e. V. (IDW).

Druck und Bindung: Kessler Druck + Medien GmbH & Co. KG, Bobingen
PN 51167/0/0   KN 11536

ISBN 978-3-8021-1983-5

Bibliographische Information der deutschen Bibliothek
Die Deutsche Bibliothek verzeichnet diese Publikation in der Deutschen Nationalbibliografie; detaillierte bibliografische Daten sind im Internet über http://www.d-nb.de abrufbar.

www.idw-verlag.de

Vorwort der Herausgeber

Mit dem Thema des 29. Münsterischen Tagesgesprächs „Mittelstand im Blick: Compliance und Risikomanagement" wurde in diesem Jahr ein sehr aktueller und vielschichtiger Bereichskomplex zum Oberthema der Veranstaltung gewählt. Die genannten Themenbereiche sind besonders in mittelständischen Unternehmen von immer größerer Bedeutung. Dabei sind die Gründe für diese Entwicklung vielfältig. So stehen diese Themen zum einen durch die bekannten Compliance-Fälle der nahen Vergangenheit immer häufiger im Fokus der Öffentlichkeit. Unternehmen werden dadurch für die Auswirkungen auf ihre Reputation gegenüber Kunden, Lieferanten und Behörden sensibilisiert. Zum anderen ändern sich, auch getrieben durch die gestiegene mediale Präsenz, die regulatorischen Rahmenbedingungen zur Etablierung von Compliance-Organisationen in Unternehmen. Neben neuen Regelungen zur verpflichtenden Einführung von Compliance Management Systemen werden mittlerweile verschiedenste Zertifizierungen angeboten. Auch die zunehmende Internationalisierung der mittelständischen Unternehmen macht eine Auseinandersetzung der Führungskräfte mit den genannten Themenbereichen notwendig. So sind länderübergreifende Aktivitäten auch immer mit anderen Verhandlungskulturen, besonders hinsichtlich finanzieller Verhandlungsanreize, verbunden.

Wenn die Verantwortlichen über die systematische Beschäftigung mit Compliance nachdenken, sollten sie die vielfältigen negativen Auswirkungen für das Unternehmen berücksichtigen, die im Falle einer fehlenden Sensibilität gegenüber diesem Thema entstehen. So entstehen im Zusammenhang mit der Aufklärung von Verstößen neben Organisations-, Abstimmungs- und Zeitaufwand für das Management auch in der Folge finanzielle Konsequenzen aufgrund von Rechtsprozessen und höheren Ausgaben für Öffentlichkeitsarbeit. Außerdem äußern sich negative Folgewirkungen auch in einer schärferen Überwachung durch Aufsichtsbehörden. Ferner müssen die Verantwortlichen die realistische Möglichkeit berücksichtigen, dass Vorfälle nicht aufgedeckt werden und somit im Zeitverlauf unentdeckt immer größeren Schaden anrichten können. Unternehmen sollten sich daher nicht nur als Reaktion auf bestehende wirtschaftskriminelle Vorfälle oder Haftungsrisiken mit der Einführung eine Compliance-Organisation befassen. Vielmehr sind sie angehalten, die Themen Compliance und Risikomanagement proaktiv anzugehen, um die beispielhaft geschilderten negativen Auswirkungen zu vermeiden und die Chancen zu nutzen, die sich aus einer Einführung im Unternehmen ergeben.

Beim 29. Münsterischen Tagesgespräch standen am Vormittag das grundsätzliche Vorgehen bei der Berücksichtigung von Compliance und Risikomanagement in mittelständischen Unternehmen sowie die Gesetzgebung in diesem Bereich im Fokus. Den Ausgangspunkt des Vortragsprogramms bildete die Betrachtung der Themenbereiche Governance, Risk und Compliance und die Sinnhaftigkeit der Umsetzung von Maßnahmen aus unternehmensinterner Sicht. Unternehmen müssen sich im ersten Schritt den Risiken bewusst sein, denen sie ausgeliefert sind, und geeignete Maßnahmen zur Abwendung dieser Risiken treffen. Solche Risiken liegen zunehmend auch im Verstoß gegen die komplexen Regelungen des Regulierungsumfelds, in dem das Unternehmen tätig ist. Insbesondere müssen sich der Aufsichts- bzw. Beirat sowie die Geschäftsleitung mit der Behandlung von Risiken befassen und sollten dies mit angemessenem Compliance Management, Risikomanagement und notwendigen internen Kontrollsystemen verknüpfen. Besonders im Mittelstand vollzieht sich hinsichtlich der Bedeutung dieser Themen ein Bewusstseinswandel, von der Wahrnehmung einer gesetzlichen Pflicht hin zum proaktiven Handeln. Mittelständische Unternehmen müssen dies als Chance begreifen, dabei jedoch auch das Kosten-Nutzen-Verhältnis der Einführung von Verantwortlichkeiten und Aufgabenbereichen berücksichtigen.

Im Anschluss wurde mit dem IT-Sicherheitsgesetz ein spezifischer rechtlicher Aspekt der Thematik um Compliance und Risikomanagement beleuchtet. So nimmt die Regelungsdichte zur Netz- und Informationssicherheit (NIS) kontinuierlich zu. Im letzten Jahr wurden Gesetzesentwürfe zur NIS-Richtlinie und dem IT-Sicherheitsgesetz (SiG) veröffentlicht. Während für das IT-SiG aufgrund der Rückmeldungen vorerst ein zweiter Entwurf vorgesehen ist, stieß die NIS-Richtlinie auf breite Zustimmung. Allgemeines Ziel beider Regelungen ist die Etablierung angemessener Standards für IT-Sicherheit, wobei das IT-SiG über die NIS-Richtlinie hinausgeht. Aus gesamtwirtschaftlicher Perspektive muss jedoch berücksichtigt werden, dass eine Steigerung der Netz- und Informationssicherheit aufgrund der Ausgaben für Sicherheitsinvestitionen nicht automatisch einen gesamtökonomischen Wohlfahrtsgewinn bringt.

Neben den betriebswirtschaftlichen Implikationen müssen Compliance und Risikomanagement auch allgemeiner aus der rechtlichen Perspektive beleuchtet werden. Dies betrifft vor allem rechtliche Regelungen zu Anforderungen und Haftungspotenzialen. Dies ist leicht nachzuvollziehen, wenn man die letzten, medial in großem Umfang begleiteten Fälle mangelnder Compliance im Mittelstand berücksichtigt. Rechtliche Grundlagen leiten sich dabei aus verschiedenen Gesetzen und anderen Regelwerken, etwa dem DCGK, ab. Unternehmen müssen dabei beachten, dass eine Compliance-Pflicht unabhängig von den Eckdaten des Unternehmens (Größe, Rechtsform u. a.) besteht und vor dem Hintergrund verschiedenartig ausgeprägter Unternehmensparameter in unterschiedlichem Maße verankert sein muss. Trotz dieser allgemeinen Pflichten existieren besonders für mittelständische Unternehmen noch keine konkreten Vorgaben. Die Verantwortlichen müssen daher Umfang und Gestaltung der Compliance-Maßnahmen selbst bestimmen.

Am Nachmittag standen die Prüfung von Compliance Management Systemen sowie die Umsetzung von Maßnahmen zu Compliance und Risikomanagement aus Unternehmenssicht im Vordergrund. Compliance Management Systeme sind gerade vor dem Hintergrund der wirtschaftskriminellen Handlungen und den damit verbundenen, ggf. entstehenden (nicht-)finanziellen Aufwendungen zunehmend relevant. Diese Systeme werden dabei nicht nur aus regulatorischen Gründen oder zur Risikoprävention, sondern auch aus Reputationsgründen eingeführt. Der Markt für Zertifizierungen von Compliance Systemen ist dabei breit aufgestellt. Die Zertifizierungen fordern in unterschiedlichem Maße Anforderungen an Unternehmen. Hinsichtlich der Umsetzung von Compliance-Maßnahmen liefert der IDW PS 980 „Grundsätze ordnungsmäßiger Prüfung von Compliance Management Systemen" Hinweise für die Einrichtung eines Compliance Management Systems. Während über den Nutzen einer Prüfung von Compliance Management Systemen anhand von IDW PS 980 weitestgehend Konsens herrscht, sind hinsichtlich des Umfangs und der Tiefe der Prüfung dieser Systeme noch intensive Diskussionen zu erwarten.

Im Rahmen der Veranstaltung wurde zudem der Zusammenhang der beiden Bereiche Compliance und Interne Revision aus Unternehmenssicht beleuchtet. Dabei wurde deutlich, dass die Themenkomplexe nicht in einer, sondern in zwei separaten Einheiten unternehmensintern verankert werden sollten. Zu diskutieren ist ferner die organisatorische Anbindung im Unternehmen bzw. die abteilungsübergreifende Zusammenarbeit, bspw. mit der Rechtsabteilung oder dem Risikomanagement. Da im Grundsatz dieselben Fragestellungen adressiert werden, muss diese Zusammenarbeit beider Bereiche detailliert abgestimmt werden. Der Mittelstand muss sich im Prozess der Verankerung der genannten Themen neben der Bereitstellung ausreichender Ressourcen auch weiterführenden Herausforderungen wie aufzustellenden Handlungsleitfäden stellen. Die Beschäftigung mit den Bereichen Compliance und Interne Revision sollte in jedem Fall als Chance für das Unternehmen kommuniziert werden. Art und Umfang der konkreten Maßnahmen müssen dabei auf die konkreten Rahmenbedingungen des jeweiligen Unternehmens (z. B. Größe, Branche und Umfang des internationalen Geschäfts) abgestimmt sein.

Zum Abschluss der Tagung wurden die neue MaRisk-Compliance-Funktion und die Implikationen für die Praxis in Kreditinstituten thematisiert. Während die inhaltlichen Anforderungen an die Compliance-Funktion in den Regelungen detailliert ausgeführt werden, ist die konkrete organisatorische Gestaltung in den Instituten aufgrund unterschiedlicher Größe und Struktur nicht einheitlich geregelt. Ein Bestandteil der neuen Aufgaben wird demnach die Compliance-Risikoinventur sein, deren Abschluss idealerweise die Ableitung und Umsetzung von Maßnahmen auf Basis der identifizierten Risiken bilden soll.

Der vorliegende Tagungsband fasst die Vorträge und Diskussionen des 29. Münsterischen Tagesgesprächs zusammen.

Wir möchten an erster Stelle den Referenten und Diskutanten für ihre spannenden und hochaktuellen Beiträge danken. Sie waren der Grundstein für eine wirklich gelungene Tagung und damit auch für den vorliegenden Tagungsband. Insbesondere sprechen wir ihnen für die hervorragende Zusammenarbeit bei der Erstellung dieses Tagungsbandes unseren besonderen Dank aus.

Der IDW-Verlag, Düsseldorf, hat den Tagungsband zum 29. Münsterischen Tagesgespräch dankenswerterweise in die Schriften zum Revisionswesen aufgenommen.

Besonders herzlich danken möchten wir der Geschäftsführerin des Münsteraner Gesprächskreises Rechnungslegung und Prüfung e. V., Frau Ariane Kraft (M.Sc.), die die Veranstaltung hervorragend organisiert und diesen Tagungsband redaktionell betreut hat. Für die Koordination des Tagungsbands und die zeitnahe Veröffentlichung hat sich Herr Philipp Dollereder (M.Sc.) außerordentlich verdient gemacht, wofür wir ebenfalls ganz herzlich danken.

Großen Dank schulden wir ferner Frau cand. B.Sc. Lena Flacke, die die Organisation und das Gelingen der Veranstaltung maßgeblich begleitet hat. Des Weiteren danken wir Herrn cand. M.Sc. Matthias Kerstan (B.Sc.) ganz herzlich, der bei den Schreibarbeiten und der Formatierung der Druckvorlagen eine große Hilfe war. Er wurde dabei sehr engagiert unterstützt von Herrn cand. B.Sc. Alexander Letzel und Herrn cand. M.Sc. Robert Leukefeld (B.Sc.).

Für die tatkräftige Unterstützung im Rahmen des Tagesgesprächs bedanken wir uns ferner herzlich bei Herrn cand. M.Sc. Christian Brömmelhaus (B.Sc.), Frau cand. B.Sc. Alina Czeczinski, Herrn cand. M.Sc. Marcel Faber (B.Sc.), Frau cand. B.Sc. Céline Hamatschek, Frau cand. B.Sc. Sofia Heitfeld, Herrn cand. M.Sc. Julian Höbener (B.Sc.), Herrn cand. M.Sc. Christoph König (B.Sc.), Herrn cand. B.Sc. Philipp Pferdmenges und bei allen weiteren Helfern.

Münster, im September 2014   Jörg Baetge
                                                         Hans-Jürgen Kirsch

Inhaltsverzeichnis

Abkürzungsverzeichnis

A

Abb.	Abbildung
Abs.	Absatz
ADAC	Allgemeine Deutsche Automobil-Club e. V.
AG	Aktiengesellschaft (Rechtsform)
AG	Die Aktiengesellschaft (Zeitschrift)
AktG	Aktiengesetz
Az.	Aktenzeichen

B

BaFin	Bundesanstalt für Finanzdienstleistungsaufsicht
BB	Betriebs-Berater (Zeitschrift)
Bd.	Band
BDB	Bundesverband Deutscher Banken
Begr.	Begründer
BGB	Bürgerliches Gesetzbuch
BGBl.	Bundesgesetzblatt
BGH	Bundesgerichtshof
BGHZ	Entscheidungen des Bundesgerichtshofs in Zivilsachen
BImSchG	Bundes-Immissionsschutzgesetz
BITKOM	Bundesverband Informationswirtschaft, Telekommunikation und neue Medien
BMBF	Bundesministerium für Bildung und Forschung
BME	Bundesverband Materialwirtschaft, Einkauf und Logistik
BMI	Bundesministerium des Innern
B.Sc.	Bachelor of Science
bspw.	beispielsweise
BSI	Bundesamt für Sicherheit in der Informationstechnik

BSIG	Gesetz über das Bundesamt für Sicherheit in der Informationstechnik
BWL	Betriebswirtschaftslehre
bzw.	beziehungsweise

C

ca.	circa
cand.	candidatus
CCZ	Corporate Compliance Zeitschrift
CEO	Chief Executive Officer
CMS	Compliance Management System
Co.	Compagnie
COSO	Committee of Sponsoring Organizations of the Treadway Commission
CRD IV	Capital Requirements Directive IV
CRR	Capital Requirements Regulation

D

DAX	Deutscher Aktienindex
DB	Der Betrieb (Zeitschrift)
DCGK	Deutscher Corporate Governance Kodex
d. h.	das heißt
DICO	Deutsches Institut für Compliance
Dr.	Doktor
DStR	Deutsches Steuerrecht (Zeitschrift)
D&O-Versicherung	Directors-and-Officers-Versicherung

E

EBA	European Banking Authority
ERP	Enterprise-Resource-Planning
et al.	et alii (und andere)

EU	Europäische Union
e. V.	eingetragener Verein
EWir	Entscheidungen zum Wirtschaftsrecht (Zeitschrift)

F

f.	folgende
ff.	fortfolgende (Seiten/Jahre)
FN-IDW	Fachnachrichten des Instituts für Wirtschaftsprüfer

G

G20	Gruppe der zwanzig wichtigsten Industrie- und Schwellenländer
GDV	Gesamtverband der Versicherungswirtschaft
ggf.	gegebenenfalls
GmbH	Gesellschaft mit beschränkter Haftung
GmbH & Co. KG	Gesellschaft mit beschränkter Haftung & Compagnie Kommanditgesellschaft
GmbHG	Gesetz betreffend die Gesellschaft mit beschränkter Haftung
GmbHR	GmbH-Rundschau (Zeitschrift)
GRC	Governance, Risk & Compliance
GwG	Geldwäschegesetz
GWR	Gesellschafts- und Wirtschaftsrecht (Zeitschrift)

H

h. c.	honoris causa
HFA	Hauptfachausschuss des Instituts der Wirtschaftsprüfer in Deutschland e. V.
HGB	Handelsgesetzbuch
Hrsg.	Herausgeber

I

ICG	Initiative Corporate Governance der deutschen Immobilienwirtschaft

i. d. R.	in der Regel
IDW	Institut der Wirtschaftsprüfer in Deutschland e. V.
IFRS	International Financial Reporting Standard(s)
IKS	Internes Kontrollsystem
insb.	insbesondere
IP	Internet Protocol
ISO	International Organization for Standardization
i. S. d.	im Sinne des
i. S. e.	im Sinne eines
IT	Informationstechnik
IT-SiG	IT-Sicherheitsgesetz

K

KAGB	Kapitalanlagegesetzbuch
KG	Kommanditgesellschaft
KGaA mbH	Kommanditgesellschaft auf Aktien mit beschränkter Haftung
KMU	Kleine und mittlere Unternehmen
KonTraG	Gesetz zur Kontrolle und Transparenz im Unternehmensbereich
KWG	Gesetz über das Kreditwesen (Kreditwesengesetz)
K&R	Kommunikation & Recht

L

LG	Landgericht
LL.M.	Master of Laws

M

MaComp	Mindestanforderungen an die Compliance und die weiteren Verhaltens-, Organisations- und Transparenzpflichten nach §§ 31 ff. WpHG für Wertpapierdienstleistungsunternehmen
MaKred	Mindestanforderungen an das Kreditwesen
MaRisk	Mindestanforderungen des Risikomanagement

MaRisk BA	Mindestanforderungen an das Risikomanagement Bankenaufsicht		SOX	Sarbanes-Oxley Act
			SPD	Sozialdemokratische Partei Deutschlands
MaRisk VA	Mindestanforderungen an das Risikomanagement Versicherungsaufsicht		StB	Steuerberater
			StGB	Strafgesetzbuch
Mio.	Millionen		**T**	
M.Sc.	Master of Science		TÜV	Technischer Überwachungs-
m. w. N.	mit weiteren Nachweisen			verein
			Tz.	Textziffer(n)
N				
NIS	Network Information Service		**U**	
			u. a.	unter anderem, und andere
NJW	Neue Juristische Wochenschrift (Zeitung)		US	United States
			USA	United States of America
Nr.	Nummer		USB	Universial Serial Bus
NSA	National Security Agency		usw.	und so weiter
NZG	Neue Zeitschrift für Gesellschaftsrecht		u. U.	unter Umständen
			V	
O			VAG	Gesetz über die Beaufsichtigung der Versicherungsunternehmen (Versicherungsaufsichtsgesetz)
OECD	Organisation für wirtschaftliche Zusammenarbeit und Entwicklung			
oHG	offene Handelsgesellschaft		vgl.	vergleiche
OWiG	Ordnungswidrigkeitsgesetz		VGR	Wissenschaftliche Vereinigung für Unternehmens- und Gesellschaftsrecht e. V.
P				
PC	Personal Computer			
Prof.	Professor		**W**	
PS	Prüfungsstandard		WM	Zeitschrift für Wirtschafts- und Bankrecht
R				
RA	Rechtsanwalt		WP	Wirtschaftprüfer
RGSt	Entscheidungen des Reichsgerichts in Strafsachen		WPg	Die Wirtschaftprüfung (Zeitschrift)
			WpHG	Wertpapierhandelsgesetz
RS	Stellungnahme zur Rechnungslegung			
			Z	
Rn.	Randnummer		z. B.	zum Beispiel
			ZCG	Zeitschrift für Corporate Governance
S				
S.	Seite		ZGR	Zeitschrift für Unternehmens- und Gesellschaftsrecht
SE	Societas Europaea			
SEC	United States Securities and Exchange Commission			
sog.	sogenannte(r/n/s)			

Frank Hülsberg

Governance, Risk & Compliance im Mittelstand – was ist sinnvoll, was nicht?

WP/StB Dr. Frank Hülsberg
Senior Partner, Warth & Klein Grant Thornton AG

Vortrag, gehalten am 05. Juni 2014 auf dem
29. Münsterischen Tagesgespräch
„Mittelstand im Blick:
Compliance und Risikomanagment"

Ich möchte mit einem Satz des Münchener Schriftstellers Carl Amery beginnen, der sagte: „Risiken sind die Bugwelle des Erfolgs". Wenn wir Erfolg haben wollen – das gilt für jeden von uns und für alle Formen des Erfolges – dann müssen wir tätig werden und jedes Tätigwerden birgt das Risiko des Scheiterns in sich.

Bevor ich jetzt zu philosophisch werde, möchte ich den Blick gerne auf die Unternehmenswelt richten. Was ist das grundlegendste Risiko eines Unternehmens? Es besteht – einfach gesagt – darin, dass das, was es anbietet, nicht gekauft wird. Es gibt aber auch unternehmerische Risiken, die ein Unternehmen auf andere Weise teuer zu stehen kommen können, bis hin zur Bestandsgefährdung. Denken Sie etwa an das Investitionsdrama von ThyssenKrupp, welches mit dem neuerrichteten Stahlwerk in Brasilien einherging.

Daneben gibt es Risiken, die nicht aus dem unternehmerischen Handeln entstehen, sondern die exogen hervorgerufen werden, wie etwa durch wirtschaftskriminelle Handlungen gegen das Unternehmen. Vor Kurzem waren wir in diesem Zusammenhang für ein mittelständisches Unternehmen im Maschinenbau tätig. Im Auftrag der Geschäftsleitung haben wir u. a. getestet, wie robust das Unternehmen gegen Angriffe auf die IT und vertrauliche Daten von innen und von außen aufgestellt ist. Neben dem sogenannten Penetrations-Test, bei dem unsere IT-Spezialisten von innen mit einem Gast-Login sowie von außen versucht haben, sich Zugang zum „Herzen" der Unternehmens-IT zu verschaffen, wurde auch eine Analyse der ankommenden und ausgehenden Datenströme durchgeführt. Dabei wurde festgestellt, dass 20 Prozent des ausgehenden Datenvolumens an einen Netzknotenpunkt in Fernost gesendet wurden. Das fand vor allem die Geschäftsführung faszinierend, denn das Unternehmen hatte dort weder eine Niederlassung noch sonst irgendeinen Geschäftspartner. Diesem Anhaltspunkt sind wir weiter nachgegangen und kamen zu folgendem Ergebnis: Vor einem halben Jahr war der Vertriebsleiter des Unternehmens auf Einladung eines potentiellen Kunden in Fernost. In dem Land angekommen wurde er zuvorkommend behandelt, herumgeführt und allabendlich groß eingeladen. Sein Gastgeber hielt seinen Besuch filmisch fest und schickte ihm nach seiner Rückkehr den Film gezippt und mit herzlichen Grüßen per E-Mail zu. Die E-Mail war zuerst im Quarantänefilter der Firma gelandet und wurde vom Vertriebsleiter anschließend aus der Quarantäne befreit, da er den Absender ja kannte. Den Film fand er so gelungen, dass er ihn auch an seine Vertriebskollegen und die Geschäftsleitung weiterschickte. Die gezippte Datei enthielt einen Trojaner, der dann für den Datentransfer nach Fernost sorgte. Dieser Fall ist ein typisches Beispiel für in der Realität laufend auftretende Angriffe, insb. auf mittelständische Unternehmen mit interessanten Technologien. Hier stellt sich auch die Frage nach einer Mitschuld des Unternehmens. Der Vertriebsleiter hätte eine gezippte Datei nach den Richtlinien des Unternehmens nicht öffnen dürfen und hat gegen diese interne Regelung verstoßen – mit weitreichenden Folgen.

Ein weiteres Risiko für Unternehmen liegt im bewussten oder unbewussten Verstoß gegen die zunehmend komplexen Regelungen, die das Unternehmen umgeben. Ein immer wieder gerne zitierter Fall handelt von einem Textilimporteur, der in China Trainingsanzüge bestellt hatte. Nach § 10 AWG sind Trainingsanzüge einfuhrgenehmigungsfrei und wurden entsprechend deklariert und eingeführt. Bei einer Zollkontrolle wurde aber festgestellt, dass das Trainingsoberteil sowie die Hosen der Trainingsanzüge an den Ärmeln bzw. an den Knöcheln keine verengenden Bündchen hatten. Damit handelte es sich nach Zollrecht nicht um Trainingsanzüge, sondern diese hätten als Ober- und Unterteil getrennt angemeldet werden müssen. Somit wäre in China dann eine Exportgenehmigung mit sogenannten „Quotakosten" von 120.000 Euro erforderlich gewesen. Dieses hatte man aber aufgrund des falschen Wissenstandes versäumt. Das wird dann mit einem Bußgeld belegt, das bis zu 500.000 Euro betragen kann.

Wie stellen Sie sich jetzt den vielfältigen Risiken? Die Geschäftsleitungen der Unternehmen werden zunehmend nervös. Der Grund dafür ist, dass immer mehr Unternehmen die Aufwendungen für Bußgelder und Schadensersatz von den Geschäftsleitungen zurückfordern. Entsprechend wächst der Wunsch der Geschäftsleiter, sich gegen solche Fälle zu schützen. Damit sprechen wir über das Thema „Governance, Risk und Compliance", dessen Fundament und Pfeiler sich als sogenanntes „House of Governance" darstellen lassen. In diesem House of Governance sind die Elemente enthalten, die sich mit der Abwehr und dem Handling der Unternehmensrisiken befassen. In diesem House of Governance „wohnen", soweit vorhanden, der Aufsichtsrat bzw. der Beirat als Überwachungsinstanz sowie die Geschäftsleitung. Das gesamte Haus ruht auf den Säulen des Compliance Managements, des Risikomanagements und des internes Kontrollsystems. Bei den Begriffen Compliance Management und Risikomanagement gibt es zwar eine akademische Diskussion, ob das eine Teil des anderen sei; diese soll aber für den heutigen Vortrag nicht relevant sein. Das gesamte

House of Governance steht auf dem Fundament der internen Revision, die als prozessunabhängige Überwachungsfunktion im Unternehmen überwacht, was in den Säulen passiert.

An dieser Stelle möchte ich nun zum Thema „Governance, Risk & Compliance im Mittelstand" hinleiten. Wie bin ich zu diesem Thema gekommen? Kann Governance, Risk und Compliance im Mittelstand überhaupt etwas Besonderes sein? Für mich waren solche Überlegungen Teil eines Paradigmenwechsels. Ich habe vorher bei Big 4-Unternehmen gearbeitet und habe eher die Welt der Großunternehmen kennengelernt. Sie alle kennen die gerne zitierten Zahlen: Bei Daimler sollen es 400 Mitarbeiter gewesen sein, die alleine im Bereich Compliance Management beschäftigt waren. Für Siemens wird sogar eine Anzahl von 600 Mitarbeitern kolportiert. Dazu passten jeweils die ausgefeilten Programme und Strukturen der großen Unternehmen. Bei Warth & Klein Grant Thornton zielen wir nun überwiegend auf Mittelständler. Aus diesen Gesprächen habe ich Ihnen einige der einleitend oft gehörten Originaltöne mitgebracht. Zusammengefasst lässt sich sagen: Corporate Governance übersetzt der Mittelstand gerne als „korpulente Gouvernante", was – die Wirtschaftsprüfer unter uns mögen sich erinnern – ein Zitat von Sebastian Hakelmacher von vor ungefähr zehn Jahren ist.[1]

Die entsprechenden Originalzitate aus dem Mittelstand lauten:

- ▧ „Einer der Beiräte will, dass wir unser Compliance Management zertifizieren lassen." Hier haben wir einen exogenen Anstoß an die Unternehmensleitung zur Zertifizierung des Compliance-Systems.

- ▧ „Wir haben ein Beauftragtenwesen, einen Exportkontrollbeauftragten, einen Umweltschutzbeauftragten und einen Datenschutzbeauftragten – also haben wir alles abgedeckt."

- ▧ Dann eine Aussage, die oft von CEOs oder Gesellschafter-Geschäftsführern kommt: „Unsere Risiken kenne ich selbst am besten."

- ▧ „Wir sind kein Siemens – wir brauchen das absolute Minimum. Schreiben Sie uns doch mal auf, was für uns die Mindestanforderungen sind."

---

[1] Vgl. HAKELMACHER, S., Corporate Governance: oder Die korpulente Gouverante, 2. Aufl., Köln 2005.

▪ „Persönlich haften möchte ich jedenfalls nicht." Ein solcher Gedanke an die persönliche Haftung kann also auch ein exogener Faktor oder ein „Anstubsen" sein.

▪ „Richtlinien in dem Sinne haben wir nicht, wir haben eher eine gelebte Kultur." Sie glauben gar nicht, wie oft dieser Satz gesprochen wird.

▪ Dann gibt es auch oft Neugier auf die folgende Frage: „Wie kommt denn sowas überhaupt hoch? Wer bringt denn solche Fälle überhaupt hoch?" Im Hinterkopf schwingt bei diesen Aussagen oft der Gedanke an „Verrat" mit.

▪ Und dann als Letztes hört man auch oft den widerständigen Satz: „Dann zahle ich eben das Bußgeld, aber den Quatsch mache ich nicht mit."

Was ist die Quintessenz? Das Thema wird von den mittelständischen Unternehmen mittlerweile als durchaus relevant angesehen. Exogene Faktoren dafür sind oftmals, dass z. B. der Beirat einen stärkeren Fokus auf Corporate Governance fordert, weil er von der Wichtigkeit dieses Themas überzeugt ist und sich in anderen – oftmals größeren – Unternehmen bereits damit befasst hat; insofern kommt es hier tatsächlich zu einem Thementransfer in den Mittelstand. Dazu kommt, dass neben der Fachliteratur auch in Wirtschaftspublikationen und überregionalen Zeitungen regelmäßig darüber zu lesen ist und schließlich auch der eigene Wirtschaftsprüfer das Thema beständig vorträgt. Daher wird das Thema Governance, Risk und Compliance im Mittelstand zunehmend thematisiert und Rat nachgefragt. Fast immer werden aber die Fragen gestellt: Was ist denn Minimalanforderungen? Was muss ich wirklich haben? Dies hat mich veranlasst, heute einmal die Besonderheiten für den Mittelstand zu beleuchten.

Zunächst zu den zentralen, für alle Unternehmen geltenden Grundsätzen – zu den Besonderheiten von Banken und Wertpapierhandelshäuser kommen wir dabei heute Nachmittag noch. Das Fundament für das Risikomanagement aller Unternehmen – unabhängig von Größenordnung oder Branche – ist die Risikoanalyse bzw. das „Risk Assessment". Hierbei wird eine Risikoinventur durchgeführt, bei der mit allen betrieblichen Funktionen erörtert wird, in welchen Bereichen eine Risikoexposition des Unternehmens vorliegt. Dies geht einher mit einer Bewertung des jeweiligen Risikos, wobei die möglichen finanziellen Auswirkungen sowie Auswirkungen auf die operativen Tätigkeiten oder die Reputation des Unternehmens zu beachten und bewerten sind. Hierzu gehören etwa Produktionsstillstände, Lieferausfälle oder Reputationsfragen: Werde ich später von Kunden oder Lieferanten permanent auf diese vorherigen Probleme angesprochen? Wird mein Unternehmen durch die Presse gezerrt? Was heißt das für mein persönliches, privates Umfeld als Unternehmer? Nach der Bewertung der sogenannten „Brutto-Risiken" ist in Abhängigkeit vom „Risiko-Appetit" der Geschäftsleitung jeweils die Frage nach dem Umgang mit dem identifizierten Risiko zu stellen: Akzeptiere ich den derzeitigen Zustand oder reduziere ich das Risiko durch geeignete Maßnahmen? Versichere ich mich gegen ein Risiko oder schließe ich es komplett aus, indem ich mich aus dem Bereich vollständig zurückziehe? Es gibt den Fall eines großen Verkehrsunternehmens in Deutschland. Dieses hat eine Risikoanalyse nach Ländern durchgeführt und tatsächlich Länder für die geschäftliche Tätigkeit grundsätzlich ausgeschlossen, da in den betreffenden Ländern ohne Korruption kein erfolgreiches Wirtschaften möglich schien und jedwede Form der Korruption vom Unternehmen kategorisch abgelehnt wird. Sie sehen also, dass sogar auch der Rückzug aus bestimmten Ländern eine mögliche Entscheidung als Unternehmen im Bereich Risikomanagement sein kann, wenn man es mit Recht, Gesetz und der eigenen Unternehmensethik ernst meint.

Bei unternehmerischen Risiken haben Geschäftsführer eine unternehmerische Entscheidungsfreiheit. Wohl gemerkt existiert diese Entscheidungsfreiheit nur bei unternehmerischen Risiken, nicht aber in Bezug darauf, ob sie Recht und Gesetz einhalten. Wenn Sie als Geschäftsleitung z. B. eine Investition in ein Stahlwerk im Ausland tätigen, dann gilt die sogenannte Business Judgement Rule. Sie haben ein weites unternehmerisches Ermessen, um Risiken, die mit unternehmerischen Entscheidungen untrennbar verbunden sind, einzugehen. Als Geschäftsleiter müssen sie diese Entscheidungen auf der Grundlage ausreichender Informationen, frei von Interessenkonflikten und zum Wohle des Unternehmens treffen. Diese Regeln stellen den weiten Rahmen dar, in dem Unternehmensleitungen unternehmerische Risiken eingehen können. Über den „Risiko-Appetit", also wie hoch die übernommenen Risiken sein sollen, entscheidet die Geschäftsleitung selbst, ggf. eingeschränkt durch Vorgaben der Gesellschafter, der Satzung oder Zustimmungsvorbehalte des Aufsichtsrats. Solange sie in diesem Rahmen gehandelt hat, kann die Geschäftsleitung nicht in Haftung genommen werden. Etwas rustikal gesagt: Sie dürfen bei einem unternehmerischen Risiko „ganz tief ins Klo greifen", solange Sie den gerade aufgezeigten Rahmen nicht verlassen.

Bei den Rechtspflichten gelten diese Grundsätze nicht. Die Frage, ob Sie Rechtspflichten einhalten müssen, ist klar beantwortet. Die Antwort lautet: Ja! Als Unternehmen haben Sie dort auch keinen unternehmerischen Ermessensspielraum. Jedoch besteht bei der Art und Weise, wie sie als Geschäftsleitung die Befolgung der Rechtspflichten durch alle Mitarbeiter sicherstellen, ein Ermessenspielraum. Bei der Frage, wie weit ein Unternehmen mit seinen Maßnahmen gehen muss, gibt es das Kriterium der Zumutbarkeit und Durchführbarkeit. Die Kriterien der Zumutbarkeit und der Durchführbarkeit beziehen sich dabei auf die Größe und Komplexität des Unternehmens. Bei der Art und Weise der organisatorischen Maßnahmen zur Befolgung der Rechtspflichten besteht also ein Spielraum. Und nochmal: Kein Spielraum besteht aber dabei, ob ein Unternehmen dafür sorgt, dass die Gesetze und Richtlinien eingehalten werden.

Neben den Rechtspflichten sind auch interne Richtlinien zu beachten. Diese dienen zum einen dazu, gesetzliche Vorschriften zu präzisieren und zu erklären und die Umsetzung im Unternehmen sicherzustellen. Diese Richtlinien sind ebenfalls zwingend einzuhalten. Dementsprechend sind die Mitarbeiter zu schulen und die Richtlinien auf Einhaltung zu überwachen. Die Aufstellung und die entsprechende Schulung und Überwachung von internen Richtlinien, die sich z. B. auf unternehmerische Entscheidungen beziehen – wie etwa Investitionsrichtlinien – liegen wieder im Ermessen der Geschäftsleitung. Faktisch gilt aber auch hier: Die Einhaltung der Richtlinien ist zu überwachen – sonst bräuchte man sie nicht aufzustellen.

Jetzt wollen wir uns durch das House of Governance arbeiten und beginnen mit der Unternehmensleitung. Was muss die Unternehmensleitung in einem mittelständischen Unternehmen tun? Ich habe Ihnen mal ein Beispiel mitgebracht, welches gut zu den Leitsätzen „Lead by Example" oder „Der Fisch stinkt am Kopf zuerst" passt. Ein Unternehmen hatte verschiedene Werke in Deutschland und im Ausland, bei denen neue Zugangskontrollen eingerichtet worden waren. Der Gesellschafter-Geschäftsführer kam bei einem dieser Werke an einem Tag durch das Werkstor und wurde vom Wachdienst angehalten und gebeten, sich auszuweisen. Daraufhin war der Wachdienst vom Gesellschafter-Geschäftsführer so „in den Senkel gestellt" worden, dass dieser wahrscheinlich nie wieder jemanden bittet, sich auszuweisen, solange er in Anzug und Schlips kommt und wichtig guckt. Ein solcher Fall ist eine Katastrophe für ein Risiko- und Sicherheitsmanagement, damit führen Sie alle Maßnahmen ad absurdum. Als Geschäftsleitung müssen Sie das vorleben, was auch für andere gelten soll.

Wir kommen zu der nächsten Frage: Wer kontrolliert die Geschäftsleitung? Ich habe bei vielen Mittelständlern die Erfahrung gemacht, dass die Gesellschafterversammlung mit der Überwachung und Kontrolle der Geschäftsleitung überfordert ist. Auch wenn es keine Pflicht ist, kann in einem mittelständischen Unternehmen die Einrichtung eines Beirats bzw. eines Aufsichtsrats geboten sein – es gibt eigentlich keine gewichtigen Gründe, die dagegen sprechen. Ein Katalog zustimmungspflichtiger Maßnahmen der Geschäftsleitung bei wesentlichen wirtschaftlichen oder rechtlichen Entscheidungen und Rechtsgeschäften sollte ebenfalls Standard sein. Eine dringende Empfehlung ist – sobald Sie mehr als einen Geschäftsführer im Unternehmen haben – auch die Aufstellung einer Geschäftsordnung. Dort sollten die Verantwortlichkeiten der einzelnen Geschäftsführer einschließlich der Verantwortlichkeit für die einzelnen Elemente des House of Governance definiert werden. Bei der Zuordnung der Verantwortlichkeiten zu den Elementen im House of Governance ist das Prinzip der Funktionstrennung zu beachten. Der Geschäftsführer, der für die interne Revision zuständig ist, darf nicht gleichzeitig auch für die von dieser zu überwachenden Elemente zuständig sein.

Für das gesamte Themengebilde der Compliance-Risiken und sonstigen Risiken gilt eine persönliche Befassungspflicht für die Geschäftsleitung. Diese muss im Zweifel nachweisen können, dass Sie sich mit den Risiken angemessen befasst hat. Was Sie jedoch nach meiner Erfahrung im Mittelstand selten finden, ist eine angemessene Dokumentation. Nehmen wir einmal das Beauftragtenwesen als Beispiel. In einem mittelständischen Unternehmen hatte die Geschäftsleitung als Teil Ihrer Compliance-Pflichten einen Exportkontrollbeauftragten, einen Umweltschutzbeauftragten, einen Brandschutzbeauftragten, einen Beauftragten für Arbeitssicherheit und einen Datenschutzbeauftragten bestimmt und damit auch alle notwendigen Beauftragten installiert. Dieses ist aber nur der erste Schritt. Es gab aber keinerlei dokumentierte Überlegungen zu den drei Kernfragen: Wie hatte die Geschäftsleitung die Beauftragten ausgewählt? Wurden fachliche und persönliche Qualifikation berücksichtigt oder wurde einfach jemand genommen, der noch Zeit hatte und „nicht bei Drei auf dem Baum" war?

Weiterhin muss schriftlich dokumentiert werden, wie der jeweilige Mitarbeiter angeleitet wurde und wie er von der Geschäftsleitung bei seiner Aufgabe überwacht wird.

Schauen wir nun auf die erste Säule im House of Governance, das Compliance Management. Was sind die Felder, die vom Compliance Management abgedeckt werden? Was ist ein Compliance Management System? Nach verschiedenen Studien haben fast alle Unternehmen im Compliance Management das Thema Korruption verankert. Auch decken die allermeisten Unternehmen im Compliance Management die Themen Datenschutz und Kartellverstöße ab. Daneben sind die Themen Exportkontrolle und Außenwirtschaftsgesetz im Kommen. Was bedeutet es nun, wenn diese Themen von einem Compliance Management System adressiert werden? Was ist überhaupt ein Compliance Management System? Dieses stellt eine besondere Organisation zur Einhaltung von Pflichten mit besonderen persönlichen Verantwortlichkeiten dar. Bei diesem Begriff gibt es in Abgrenzung zum Compliance Management oftmals eine babylonische Sprachverwirrung; die Begriffe „Compliance" und „Compliance Management" sind nicht deckungsgleich mit dem des „Compliance Management Systems". Grundsätzlich sind alle Gesetze und Verordnungen einzuhalten – Compliance umfasst den gesamten Rechtsrahmen.

Wann ist aber ein System mit besonderer Organisation und Verantwortung einzurichten? Ein solches Compliance Management System ist immer dann bzw. für die Bereiche einzurichten, wenn ein Unternehmen einer besonderen Risikoexposition ausgesetzt ist. Diese Exposition kann z. B. darin bestehen, dass das Unternehmen in hochkorruptiven Ländern Geschäfte macht, dass es in bestimmten Feldern eine besondere Komplexität in regulatorischen Anforderungen gibt oder weil es in bestimmten Geschäftsfeldern andauernd Verstöße gegen Compliance-Regeln zu verzeichnen hatte. Und das ist nicht nur bei den „klassischen" Themen Korruption, Kartell und Datenschutz der Fall. Nehmen wir ein Beispiel aus dem Bereich Umweltschutz bzw. Umweltdelikte. Das Strafgesetzbuch ahndet Umweltvergehen mit bis zu zehn Jahren Haft. Dabei ist nicht nur eigenes Tun, sondern auch Unterlassen ein möglicher Straftatbestand. So gibt es einen Fall, bei dem der Geschäftsführer wegen Beihilfe verurteilt wurde. Er hatte für eine Abfallentsorgung im Rahmen einer Ausschreibung einfach den billigsten Anbieter gewählt, ohne sich um die Qualifikation und die Leistungsstandards ausreichend zu kümmern. In diesem Fall kam es, wie es kommen musste:

Die Entsorgung erfolgte unsachgemäß und führte zu erheblichen Umweltschäden. Der Geschäftsführer wurde wegen Beihilfe verurteilt und von seinem Unternehmen auf Schadenersatz in Anspruch genommen.

Kann es so etwas wie ein Compliance „light" für den Mittelstand geben? Dabei geht es um die Frage, welche Maßnahmen ein Unternehmen wirklich durchführen und dokumentieren muss, damit es „compliant" ist. Zum einen muss – wie bereits angesprochen – ein Risk Assessment durchgeführt werden. Dies wurde jetzt auch nochmals durch das vielzitierte Urteil des Landgerichts München im Fall „Siemens gegen Neubürger" bekräftigt. In diesem Fall hatte das Landgericht München einen Schadenersatzanspruch von Siemens gegen seinen ehemaligen Finanzvorstand Neubürger in Höhe von 15 Millionen Euro bejaht. Im Zuge des Urteils hat das Gericht Grundsätze zu den Vorstandspflichten beim Thema Compliance aufgestellt. Daraus geht klar hervor, dass ein Risk Assessment, also eine „sortierte" Befassung mit den möglichen Risiken eine unabdingbare Verpflichtung darstellt.

Das Thema Beauftragtenwesen hatte ich bereits angesprochen. Den gesetzlichen Pflichten wird z. B. beim Datenschutzbeauftragten oftmals nicht entsprochen: Wenn – grob vereinfacht – mehr als neun Personen im Unternehmen dauerhaft mit der automatisierten Verarbeitung von personenbezogenen Daten beschäftigt sind, ist ein Datenschutzbeauftragter zu benennen. Aber ein erheblicher Teil der mittelständischen Unternehmen, die unter diese Pflicht fallen, erfüllen diese nicht. Dieses sollte spätestens bei der bereits angesprochenen Risikoinventur auffallen. Außerdem ist, wie bereits angesprochen, im Beauftragtenwesen die Dokumentation wichtig. Es ist festzuhalten, nach welchen Kriterien Sie einen Beauftragten ausgewählt haben, wie Sie ihn angeleitet haben und wie Sie Ihn überwacht haben.

Eine weitere Frage in diesem Themenkomplex ist die Notwendigkeit eines Business Partner Screenings, ein relativ neuer Begriff. In vielen Großunternehmen gibt es mittlerweile das Business Partner Screening als fest etablierten Prozess, in dem eruiert wird, mit wem das Unternehmen Geschäfte macht bzw. machen will und ob der Geschäftspartner akzeptiert werden kann oder weiter überprüft und ggf. abgelehnt werden muss. Kann von einem mittelständischen Unternehmen ein solches Screening verlangt werden? Was jedenfalls alle Unternehmen in diesem Bereich beachten müssen, sind von Sanktionslisten und Embargos auf der Grundlage von EU-Verordnungen. Daneben können auch Sanktionslisten von Drittstaaten – insb. den USA – einschlägig sein, wenn sie extraterritoriale Wirkung haben. Darüber hinaus kann von einem mittelständischen Unternehmen allerdings nur verlangt werden, dass es bei offensichtlicher Risikoindikation – z. B. bei einem Erstkontakt zu einem Absatzmittler in Nahost, der eine relativ hohe Marge verlangt – weitere Erkundigungen eingeholt werden, um Bestechungszahlungen auszuschließen. Ein umfassendes IT-gestütztes System kann hier allerdings nicht generell verlangt werden.

Des Weiteren stellt sich die Frage, ob eine in Großunternehmen mittlerweile verbreitete Compliance Helpline einzurichten ist. Diese kommt z. B. zum Einsatz, wenn ein Mitarbeiter nicht weiß, ob er eine Einladung in ein teures Restaurant annehmen darf und er gerade die Wertgrenzen vergessen und sein Compliance-Handbuch nicht dabei hat. Hier gilt: Einfache Kriterien und Leitlinien sind wichtiger als die letzte Arabeske in den Compliance-Vorgaben. Hierzu zählen auch die Generalnormen: Kann ich von den angenommen Einladungen oder Geschenken jederzeit erzählen? Kann ich es meinem Vorgesetzten erzählen? Kann ich es meinem Lebenspartner erzählen? Wenn Sie sich hieran orientieren und hinterher auch tatsächlich darüber berichten, dann brauchen Sie keine Compliance Helpline. Manchmal hilft auch der gesunde Menschenverstand. Selbstverständlich sind nicht alle praktischen Fragestellungen so simpel. Aber im Mittelstand sollte der der direkte Draht zu seinem Vorgesetzten und, wenn dieser nicht erreichbar ist, zu einem anderen Mitglied der Geschäftsleitung bestehen und genutzt werden. Gegenbenenfalls kann man hier noch an ein Outsourcing der schnellen Hilfe denken, insb. wenn man ohnehin einen Ombudsmann nutzt.

Rechtsanwälte und Wirtschaftsprüfer werden gerne als externe Ombudsleute eingesetzt, um aus der Belegschaft oder von Externen kommende Hinweise auf Fehlverhalten entgegenzunehmen, zu bewerten und ggf. an die Geschäftsleitung weiterzuleiten. Für eine solche Lösung spricht die Verschwiegenheitspflicht als Berufsträger; genauso ist aber auch eine interne Ombudslösung denkbar. Muss ein solches Ombudswesen, das bei Großunternehmen weit verbreitet ist, auch im Mittelstand eingerichtet werden bzw. ist es zu empfehlen? In diesem Zusammenhang stellt sich die Frage, an wen eine Person ein beobachtetes Fehlverhalten melden würde, wenn eine solche Stelle nicht eingerichtet ist. Vielleicht berichtet diese Person dann direkt an die Presse oder an die Staatsanwaltschaft mit den entsprechenden Konsequenzen. Wenn Sie als Unternehmen aber einen Kommunikationskanal zu einer vertrauenswürdigen Person anbieten, wo man in der Regel als Hinweisgeber anonym bleiben kann, dann haben Sie die Chance selbst zu reagieren und aufzuklären, bevor das Fehlverhalten außerhalb Ihrer Kontrolle ist. Daher ist die Einrichtung eines Ombudswesens über einen Externen klar zu empfehlen, zumal die Kosten oftmals bei wenigen 100 Euro pro Monat liegen.

Die Themen Richtlinienwesen und Schulungen haben wir schon vorher ausreichend betrachtet.

Schließlich stellt sich noch die Frage, ob ich mein Compliance Management System durch einen Externen, z. B. einen Anwalt oder einen Wirtschaftsprüfer, prüfen lassen soll. Der Aufsichtsrat oder der Beirat wünschten sich oft die Durchführung solcher Prüfungen, weil diese auch bei deren Überwachungspflichten helfen. Externe Prüfungen sind aber keine Pflicht. Ihr Wert kann darin liegen, dass bei einem positiven Prüfungsurteil dieses im Straf- oder Bußgeldverfahren dergestalt eingebracht werden kann, dass ein zu beurteilender Gesetzesoder Regelverstoß trotz und nicht wegen fehlender Aufsicht begangen werden konnte. Im Zivilprozess kann das Prüfungsergebnis bzw. der Bericht hierüber als Privatgutachten urkundenbeweislich ohne Zustimmung des Prozessgegners eingebracht werden und der Prüfer kann als sachverständiger Zeuge gehört werden. Bei Privatgutachten und Zeugenaussage liegt es dann bei der Gegenseite, den geführten Beweis zu entkräften. Voraussetzung ist aber, dass die Prüfung auch auf die Wirksamkeit des Compliance Managements geht und ohne Mängel ist bzw. die Mängel umgehend abgestellt werden.

Kommen wir nun zum Risikomanagement. Viele CEOs behaupten, die Risiken ihres Geschäftes am besten zu kennen. Dieses mag ja auch oft der Fall sein. Wo aber ist das dokumentiert? Mit wem werden diese Informationen geteilt? Wie ist der Umgang mit den Risiken geregelt? Ist das Wissen um die Risiken „Bauchgefühl" oder auch Ergebnis eines systematische Risk Assessment? Gestern hatten wir z. B. einen sechsstündigen Risk Assessment Workshop mit den Geschäftsführern und einem Gesellschafter-Vertreter eines mittelständischen Unternehmens. Bei diesem Workshop hat sich herausgestellt, dass das wesentliche Risiko dieses Unternehmens ein Single Sourcing-Risiko ist, was den Geschäftsführern

13

auch bewusst war. Das Unternehmen hatte nämlich nur einen Zulieferer für ein elektronisches Bauteil. Aber die Erkenntnis aus diesem Workshop war vor allem, dass den Geschäftsführern nicht bewusst war, was die Konsequenzen aus einem Ausfall des Zulieferers wären. Man hatte das Problem verdrängt. Welche finanziellen Schäden entstehen dadurch? Welche Auswirkungen hat der operative Stillstand für das Unternehmen? Welche Reputationsschäden entstehen für das Unternehmen? Die Beantwortung dieser Fragen war ausgeblieben, genauso die Festlegung eines aktiven Umgangs mit dem Risiko. Die Geschäftsführer haben festgestellt, dass sie das Risiko seit zehn Jahren kennen, sich aber noch nie sortiert mit diesem beschäftigt haben. Der Gesellschafter-Vertreter war „not amused".

Ich möchte Ihnen noch ein weiteres Praxisbeispiel geben, um zu zeigen, dass Unternehmensrisiken früh erkannt und dann bewertet werden sollten. Ein Mittelständler wollte in China eine Produktionsstätte errichten. Das Unternehmen hatte dazu ein Grundstück erworben und die Planungen für den Bau begonnen. Ein Jahr später wurde das Unternehmen jedoch von den chinesischen Behörden informiert, dass das Grundstück wegen Bauverzugs eingezogen wurde. Dadurch entstand eine Bauverzögerung von zwei Jahren und Mehrkosten in Millionenhöhe. Dasselbe mittelständische Unternehmen wollte in Indien eine Vertriebspartnerschaft eingehen. In diesem Fall konnten wir rechtzeitig aktiv werden und mit dem Unternehmen gemeinsam die in Frage kommenden Geschäftspartner einem Screening unterziehen, um unseriöse Kandidaten herauszufiltern. Dabei reicht es nicht aus, den Namen des potentiellen Geschäftspartners in Google einzugeben, sondern erfordert die Suche in speziellen Datenbanken und ggf. auch die Abfrage lokaler Quellen, ob eine Person oder ein Unternehmen in der Vergangenheit durch Korruption aufgefallen ist, enge persönliche Kontakte wie verwandtschaftliche Bindungen in Provinzverwaltung haben oder durch unlauteres Verhalten aufgefallen ist. Zu guter Letzt kam für den Mandanten noch ein steuerliches Thema dazu, das in einem ordentlich durchgeführten Risk Assessment wahrscheinlich aufgefallen wäre. Das Unternehmen hatte für den Werksaufbau fünf Mitarbeiter nach China entsandt und dort so unwissentlich eine Betriebsstätte mit entsprechenden steuerlichen Folgen errichtet. Seine Steuerabteilung hatte alle steuerlichen Themen materiell im Griff; hier war es allerdings ein Kommunikationsthema, die Information hatte die Steuerabteilung nicht erreicht und im Projektteam fehlte das steuerliche Problembewusstsein. So empfehlen wir stets ein steuerliches Risk Assessment, um solche Schnittstellenthemen zu identifizieren.

Widmen wir uns der dritten Säule im House of Governance. Sind Kontrollen im Unternehmen ein Vertrauensbruch? Gerade im Mittelstand herrscht oft eine Vertrauenskultur, die nicht durch Kontrollen und durch ein in Augen vieler damit „bekundetes Misstrauen" zerstört werden soll. Reichen Einsicht der Mitarbeiter und Selbstkontrolle aus? Ich wage mal die Behauptung, dass die Straßenverkehrsordnung nicht so umfassend eingehalten werden würde, wenn es keine Verkehrskontrollen gäbe. Bei mir wäre das jedenfalls so. Es kann daher nicht sein, dass in einem mittelständischen Unternehmen keinerlei Kontrollen eingerichtet sind. Oft wird das Fehlen einfacher Kontrollen wie etwa des Vier-Augen-Prinzips damit begründet, dass es eben nur einen Einkäufer gibt und damit das zweite Augenpaar einfach nicht da ist. Trotzdem: Dass in diesem Fall der Einkäufer gar nicht kontrolliert wird, kann nicht sein. In solchen Fällen muss dann etwa die Geschäftsleitung oder eine andere Revisionsstelle in Stichproben kontrollieren und Bestellungen ab einem bestimmten Auftragswert mit abzeichnen. Auch hier gilt wieder: Die eingerichteten internen Kontrollen sind zu dokumentieren. Dies kann in einer separaten Übersicht über die internen Kontrollen oder innerhalb der einzelnen Richtlinien wie z. B. einer Einkaufsrichtlinie geschehen.

Nun zur Internen Revision. Bei mittelständischen Unternehmen existiert i. d. R. kein Interner Revisor. Eine Vollzeitstelle für eine solche Funktion könnte sich ein Unternehmen mit 200 Mitarbeitern gar nicht leisten – wohl aber eine Revisionsfunktion! Denn was bedeutet der Begriff „Interne Revision"? Revision bedeutet „Nachschau/Nachbetrachtung" und „Intern" bedeutet, dass es sich um eine unternehmensinterne Nachschau handelt. Wie gesagt, auch im Mittelstand ist diese Funktion zur Überwachung der Einhaltung vorgegebener Prozesse, Richtlinien und Kontrollen unabdingbar. Ich kenne meine Tochter und bei ihr ist die intrinsische Motivation, Hausaufgaben zu machen, naturgemäß nicht immer ganz so hoch. Ihre Motivation ist aber auf jeden Fall größer, wenn es eine Nachschau ihrer Aktivitäten durch meine Frau oder mich gibt. Daneben wird das Fehlerrisiko durch die Nachschau gesenkt. Nicht anders verhält es sich am Ende auch mit der Internen Revisionsfunktion. Wenn Sie als wissen, dass sich ein Prozessunabhängiger später ihre Arbeit auf Einhaltung der relevanten Vorschriften und Vorgaben anschauen wird, dann ist die Disziplin naturgemäß auch hier größer. Dem Mittelstand raten wir oft, diese Funktion outzusourcen, auch um eine größtmögliche Flexibilität bei Umfang, Schwerpunkten und Zeitpunkt der Revision zu haben. Dieses Outsourcing ist mittlerweile auch zu Tagessätzen von 800-1.000 Euro möglich. Was die Prüffelder angeht, können Mehrjahrespläne erstellt werden, nach denen alle wesentlichen Elemente z. B. einmal in drei

Jahren geprüft werden. Das Unternehmen hat darüber hinaus auch Spielraum bei der risikoorientierten Festlegung seines sogenannten „Audit Universe", in dem es die Prüffelder definiert.

Abschließend möchte ich nochmal zum Aufsichtsrat bzw. Beirat zurückkommen und damit den Kreis schließen. § 107 Abs. 3 AktG schreibt den Aufsichtsräten ins Stammbuch, dass sie sich u. a. um die Wirksamkeit des Internen Kontrollsystems, des Risikomanagements und des Internen Revisionssystems zu kümmern haben. Hier haben wir also eine klare Aufgabenzuweisung – klarer als die an die Geschäftsleitung, was die Corporate Governance betrifft. Mit dem eingangs abgegebenen klaren Plädoyer für einen auch freiwilligen Aufsichtsrat bzw. Beirat verbinde ich die Empfehlung, dass sich dieser immer auch mit der Wirksamkeitsprüfung des Governance-Systems befasst; das ist ein Pflichtteil auf seiner Agenda.

Damit haben wir nun das House of Governance vollständig besichtigt und ich möchte schließen mit einem Rat, den die alten Römer bereits gaben: „Quid agis diligenter agas". Was immer Sie tun, tun Sie es sorgfältig. Vielen Dank.

Rainer Böhme

Stefan Laube

Das IT-Sicherheitsgesetz

Prof. Dr.-Ing. Rainer Böhme
Juniorprofessor für Wirtschaftsinformatik, speziell IT-Sicherheit
an der Westfälischen Wilhelms-Universität Münster

Stefan Laube, M.Sc.
Wissenschaftlicher Mitarbeiter an der Juniorprofessur für
Wirtschaftsinformatik, speziell IT-Sicherheit
an der Westfälischen Wilhelms-Universität Münster

Vortrag, gehalten am 05. Juni 2014 auf dem
29. Münsterischen Tagesgespräch
„Mittelstand im Blick:
Compliance und Risikomanagment"

Gliederung:

1 Einführung

Meine Damen und Herren, ich freue mich über den Mut der Veranstalter, dass sie einen Ingenieur und Informatiker eingeladen haben, um Ihnen zu erläutern, wie man IT-Sicherheit per Gesetz verordnen kann. Die Diskussion um das IT-Sicherheitsgesetz nutze ich als Aufhänger um zu zeigen, wo Schwierigkeiten bei der Regulierung von IT im Allgemeinen und IT-Sicherheit und Datenschutz im Speziellen liegen.

Das IT-Sicherheitsgesetz wird sehr viele Unternehmen in Deutschland betreffen, u. a. auch den Mittelstand. Dort ist der Anschluss an die Praxis zu sehen. Meine Argumentation wird aber eher akademisch verlaufen. Ich möchte demonstrieren, dass man IT-Sicherheit nicht nur technisch betrachten muss, sondern auch ökonomisch betrachten kann und sollte. Ich werde zuerst kurz auf die Motivation für das IT-Sicherheitsgesetz im europäischen Kontext eingehen. Der Kern meines Beitrags enthält dann eine ökonomische Betrachtung von IT-Sicherheit und deren Regulierung. Daraus wird sich auch mein Fazit ergeben.

Wenn Sie die Medien verfolgen oder die Veröffentlichungen lesen, welche die Hersteller von Sicherheitssoftware regelmäßig publizieren, dann müssen Sie den Eindruck gewinnen: Es wird alles immer schlimmer. Große Sammlungen personenbezogener Daten von Kunden, Mitarbeitern und Bürgern werden von Cyber-Kriminellen missbraucht. Es gibt immer mehr Versuche von sogenannter Cyber-Spionage, also Wirtschafts- und Industriespionage in IT-Systemen.

Aber wenn wir andere Erhebungen betrachten, wie z. B. eine Unternehmensbefragung zum Thema Wirtschaftskriminalität, welche von Herrn Prof. Dr. Bussmann aus Halle gemeinsam mit PwC regelmäßig durchgeführt und von Herrn Dr. Schmidt heute Nachmittag noch einmal vorgestellt wird (siehe Vortrag in diesem Band), dann erkennt man doch erst einmal Überraschendes. Bei der Betrachtung sowohl aller Deliktarten als auch bei speziell IT-relevanten Deliktarten wie Datendiebstahl geht die Anzahl der Unternehmen, die angeben, dass im letzten Jahr eine solches Delikt vorgefallen ist, Jahr für Jahr kontinuierlich zurück. Natürlich ließe sich hier die Methodik bezweifeln. Es ließe sich kritisieren, dass die Daten durch Selbstauskunft erhoben wurden und dass die Unternehmen wahrscheinlich das Ausmaß der Delikte gar nicht kennen. Aber auch eine andere Entwicklung hat zu diesen Ergebnissen geführt. In den letzten zehn Jahren ist, wie Sie alle wissen, der Fokus auf Compliance deutlich gestärkt worden. Immer mehr Gesetze sind nicht nur verabschiedet, sondern auch durch die Internationalisierung mit einhergehender internationaler Regulierung für viele Unternehmen relevant geworden. Das bedeutet auch, dass immer mehr Unternehmen inzwischen Compliance-Programme eingerichtet haben. Vor allem diese Entwicklung wird in der Studie dafür verantwortlich gemacht, dass die tatsächlichen Vorfälle im Bereich Wirtschaftskriminalität zurückgehen.[1]

2 Hintergrund

Lassen Sie uns kurz die Historie der Gesetzgebungen mit IT-Bezug betrachten. Ich möchte ganz besonders die Gesetzgebung der kalifornischen „Breach Disclosure Laws"[2] aus dem Jahr 2004 hervorheben. Das Gesetz schafft eine Informationspflicht gegenüber Betroffenen, sobald Unternehmen Kenntnis darüber erhalten, dass personenbezogene Daten in die Hände von Unbefugten gelangt sein könnten. Bei der Einführung des Gesetzes war die Fachwelt skeptisch gegenüber der Wirksamkeit der Maßnahme. Zwar wurde anerkannt, dass in den USA Gesetze zur Verbesserung des Datenschutzes erlassen wurden. Jedoch glaubte man, dass diese Informationspflicht nur eine schwache Maßnahme sei und deshalb nicht funktionieren würde. Es stellte sich aber heraus, dass dieses Gesetz aufgrund von zwei Effekten eine starke Maßnahme für den Datenschutz ist. Der erste Effekt ist der entstehende Reputationsschaden bei Unternehmen. Die Gesetzgebung hat nachweislich dazu geführt, dass sich die Unternehmensleitungen verstärkt mit dem Thema Datenschutz und Datensicherheit beschäftigt haben.[3] Der zweite Effekt des Gesetzes ist, dass es den Betroffenen hilft, sich selbst gegen die Konsequenzen eines Datenverlustes besser zu schützen, in dem sie sich vorsichtiger verhalten. Wenn ein Betroffener z. B. weiß, dass seine Kreditkartendaten in die falschen Hände gelangt sind, dann kontrolliert dieser seine Abrechnungen genauer oder ändert seine Zugangsdaten.

---

1   Vgl. BUSSMANN, K./NESTLER, C./SALVENMOSER, S., Wirtschaftskriminalität und Unternehmenskultur 2013.

2   Vgl. CALIFORNIA STATE SENATE (Hrsg.), Assembly Bill 700.

3   Vgl. MULLIGAN, D./BAMBERGER, K., Security Breach Notification Laws, https://www.law.berkeley.edu/files/cso.study.pdf.

Lassen Sie uns festhalten, dass Informationspflichten ein geeignetes Mittel für gesetzliche Regelungen der IT-Sicherheit sein können. In Deutschland und in Europa diskutiert man seit Frühjahr 2013 die Netz- und Informationssicherheits-Richtlinie, kurz NIS-Richtlinie. Parallel dazu wird auch der Gesetzesentwurf für ein deutsches IT-Sicherheitsgesetz verhandelt. Beide Gesetze beinhalten im Wesentlichen zukünftige Informationspflichten.

Sowohl das deutsche IT-Sicherheitsgesetz als auch die NIS-Richtlinie befinden sich momentan im Gesetzgebungsverfahren. Der erste Referentenentwurf des IT-Sicherheitsgesetzes wurde im März 2013 vorgelegt. Industrieverbände haben kritisch dazu Stellung genommen.[4] Nach dem Wechsel der Bundesregierung muss das Gesetz wegen des Diskontinuitätsprinzips erneut eingebracht werden. Es existieren Aussagen des Bundesinnenministers, dass dieses noch im Jahr 2014 geschehen wird.[5] In Abstimmung ist auf europäischer Ebene im Februar 2013 die Cyber-Sicherheitsstrategie der EU und der Entwurf einer entsprechenden Richtlinie veröffentlicht worden. Das Parlament hat der Richtlinie bereits zugestimmt, aber die Entscheidung des Rates steht noch aus. Insbesondere sind noch Änderungen bei der Definition der Verpflichteten geplant.

Wer sind die Verpflichteten der neuen deutschen und europäischen Regulierung? Im deutschen IT-Sicherheitsgesetz sind es die Betreiber kritischer Infrastrukturen. Allerdings ist hier eine Diskussion darum entstanden, welche Sektoren als kritische Infrastrukturen anzusehen sind.[6] Es ist schwierig, eine klare Abgrenzung zu finden. In der NIS-Richtlinie ist die Formulierung der Verpflichteten noch vager. Dieses liegt vermutlich daran, dass jedes Land Flexibilität bei der Umsetzung bekommen soll. Der Wortlaut der Richtlinie verpflichtet öffentliche Verwaltungen und „Marktteilnehmer" allgemein.

---

4   Vgl. BUNDESVERBAND DER DEUTSCHEN INDUSTRIE E. V. (Hrsg.), Stellungnahme, http:/ www.dvgw.de/fileadmin/dgvw/presse/pdf/stellungnahme_it_sicherheitsgesetz-1.pdf.

5   Ein weiterer Referentenentwurf wurde am 18. August 2014 kurz vor Redaktionsschluss dieses Tagungsbands vorgelegt.

6   Vgl. BITKOM (Hrsg.), BITKOM fordert Nachbesserungen am IT-Sicherheitsgesetz, http://www.bitkom.org/de/themen/54742_75692.aspx.

Ein Blick auf die Verpflichteten der Gesetzesvorhaben lässt einen Schluss auf die Begründung des staatlichen Eingriffs zu. Bei kritischen Infrastrukturen ist zu erwarten, dass durch IT-Sicherheitsprobleme bedingte Ausfälle besonders weitreichende Konsequenzen haben. Dies liegt unter anderem an ihrer exponierten Stellung bei dem, was wir in der IT-Sicherheit als Interdependenz bezeichnen. Interdependenz bedeutet, dass sich IT-Risiken ausbreiten.[7] Die Kombination aus hohem Schadenpotenzial und Interdependenz ist nichts anderes als das, was ein Ökonom als eine Externalität bezeichnet oder ein Jurist als einen Eingriff in die Rechte anderer. Damit ergibt sich eine Rechtfertigung für eine gesetzliche Regelung. Läge diese Interdependenz nicht vor, ließe sich fragen, warum der Gesetzgeber die Marktteilnehmer nicht selber über ihre IT-Sicherheit entscheiden lässt und auf eine Regelung über die Marktkräfte hofft.

3   Zielkonflikt

Die in den Begründungen der beiden Gesetzesentwürfe genannten Ziele sind sehr ähnlich gelagert. Interessant ist aber, dass die Entwürfe zwei Dinge beabsichtigen. Einerseits sollen sie zu einer Erhöhung des Sicherheitsniveaus führen. Es wird also unterstellt, dass das Niveau der IT-Sicherheit im Moment zu niedrig sei. Aus wissenschaftlicher Perspektive ist es aber schwierig, diese Aussage zu treffen. Als zweites Ziel wird eine Erhöhung der sozialen Wohlfahrt angeführt. Es stellt sich die Frage, ob beide Ziele gleichzeitig realisierbar sind.

Für eine ökonomische Betrachtung bietet es sich an, die Situation mit Schaubildern zu analysieren. Das linke Schaubild in Abb. 1 zeigt den Zusammenhang zwischen dem auf der Abszisse abgetragenen Geldbetrag, der in Sicherheit investiert wird, und der Wahrscheinlichkeit für einen Schadensfall auf der Ordinate. Die Wahrscheinlichkeit für einen Schaden liegt bei 100 Prozent, wenn nicht in Sicherheit investiert wird. In diesem Fall würde jeder Angriff auf ein Informationssystem zu Schäden führen. Je mehr in Sicherheit investiert wird, desto geringer wird die Wahrscheinlichkeit eines Sicherheitsvorfalls. Aber gleichzeitig gilt auch, dass mit jedem zusätzlichen Euro an Sicherheitsinvestition eine geringere Reduktion der Schadenswahrscheinlichkeit einhergeht. Wir gehen also von einem abnehmenden Grenznutzen bei der Investition in IT-Sicherheit aus.

---

7   Vgl. BÖHME, R., Wann sind IT-Security-Audits nützlich?.

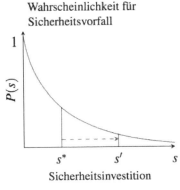
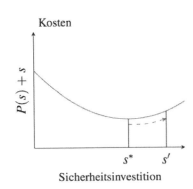

Abb. 1:   *Zielkonflikt*

Im Schaubild fällt auf, dass auf der Abszisse der Betrag der IT-Sicherheitsinvestitionen statt dem tatsächlichem Sicherheitsniveau – die hier eigentlich relevante Größe – dargestellt ist. Der Grund dafür liegt in der Schwierigkeit, das Sicherheitsniveau sinnvoll zu quantifizieren. Wir gehen davon aus, dass die beste Approximation zur Bestimmung des Sicherheitsniveaus der Betrag ist, den Unternehmen in Sicherheit investieren. Selbstverständlich erklären die Ausgaben für IT-Sicherheit nicht vollständig, wie viel Sicherheit i. S. v. Schadenvermeidung ein Unternehmen für diese Investition wirklich erhält. Es gibt also einen weiteren Faktor, den wir Sicherheitsproduktivität nennen. Er bildet ab, wie gut Investitionen in IT-Sicherheit tatsächlich eine Reduktion der Schadenswahrscheinlichkeit bewirken. Im Schaubild ist die Sicherheitsproduktivität an der Krümmung der Kurve erkennbar. Die Sicherheitsproduktivität wird später noch einmal näher erläutert.

Das rechte Schaubild in Abb. 1 stellt den Bezug zur sozialen Wohlfahrt her. Auf der Abszisse ist wiederrum die Sicherheitsinvestition dargestellt. Die Ordinate misst die Gesamtkosten, also den erwarte Schaden aus Sicherheitsvorfällen zuzüglich der Ausgaben für IT-Sicherheit. Hier erhalten wir immer einen U-förmigen Zusammenhang. Die Gesamtkosten sind bei einer bestimmten Höhe der Sicherheitsinvestition minimal. In diesem einfachen Modell kann dieses Minimum als das sozial optimale Niveau an Sicherheitsinvestitionen interpretiert werden.

Aus der Abb. 1 wird ersichtlich, dass die beiden Ziele der Gesetzesentwürfe, die Erhöhung des Sicherheitsniveaus und der sozialen Wohlfahrt, nicht immer komplementär sind. Nehmen wir an, die Marktteilnehmer tätigen schon jetzt Sicherheitsinvestition auf einem annähernd optimalen Niveau, also nahe am Minimum. Wenn der Gesetzgeber nun noch mehr IT-Sicherheit fordert, würde das in diesem Fall dazu führen, dass die sozialen Kosten steigen und die soziale Wohlfahrt sinkt. Beide Ziele stehen dann in einem Konflikt. Oder der Gesetzgeber unterstellt, dass die Sicherheitsinvestitionen der Unternehmen unter dem sozialem Optimum liegen, bspw. weil die Externalitäten von mangelnder Sicherheit nicht ausreichend internalisiert sind.

4   Besonderheiten des deutschen Gesetzesentwurfs

Ganz allgemein ist die Informationspflicht der NIS-Richtlinie so vorgesehen, dass in jedem Mitgliedsstaat eine sogenannte „Competent Authority" benannt wird, die Empfänger der Informationen ist. Das IT-Sicherheitsgesetz sieht in Deutschland das Bundesamt für Sicherheit in der Informationstechnik (BSI) für diese Rolle vor. Diese Behörde soll ausgebaut werden, laut Gesetzesbegründung um ca. 100 Vollzeitstellen,[8] um aus den eingehenden Informationen ein Lagebild über die IT-Sicherheit zu erstellen. Es gibt jedoch Stimmen, die diesen Vorschlag sehr kritisch sehen. Denn die Behörde soll die Informationen mit allen Bedarfsträgern austauschen. Wer die Terminologie kennt, der weiß, dass damit auch Geheimdienste eingeschlossen sind. Das würde einerseits das BSI in einen weiteren Interessenkonflikt bringen und andererseits auch das Trennungsgebot zwischen Nachrichtendiensten und der Polizei verletzen.[9] Dies nur als Randbemerkung. Sie sehen, es ist durchaus nicht einfach, eine „Competent Authority" in Deutschland zu finden, die mit diesen hochsensiblen Informationen umgehen kann.

---

8   Vgl. BUNDESMINISTERIUM DES INNERN (Hrsg.), IT-SiG, http://www.bmi.bund.de/shareddocs/downloads/DE/gesetzestexte/entwuerfe/entwurf_it-sicherheitsgesetz.pdf?__Blob.

9   Vgl. ANDERSON, R., EU cyber security directive considered harmful, https://www.lightbluetouchpaper.org/2013/02/08.

Um dies weiter zu erörtern müssen wir zwei Punkte vertiefen. Erstens: Um welche Art von Informationen handelt es sich? Zweitens: Welche Rückkopplungsmechanismen existieren, so dass die Kenntnis eines Lagebilds – ich entleihe diesen militärisch belegten Begriff dem Gesetzesentwurf – sich tatsächlich positiv auf die IT-Sicherheit im Land auswirkt? Bei der Art der Informationen unterscheiden sich NIS-Richtlinie und IT-Sicherheitsgesetz. Die NIS-Richtlinie sieht lediglich vor, dass Sicherheitsvorfälle zu melden sind. Das sind Ereignisse, bei denen Unternehmen das Wissen erlangt haben, dass eine Sicherheitsverletzung geschehen ist. Im deutschen Gesetzentwurf werden die zu meldenden Sachverhalte jedoch erweitert auf Sicherheitsvorfälle und Sicherheitslücken.[10] Sicherheitslücken sind gesetzlich bereits definiert in § 2 Abs. 6 BSIG:

„Sicherheitslücken im Sinne dieses Gesetzes sind Eigenschaften von Programmen oder sonstigen informationstechnischen Systemen, durch deren Ausnutzung es möglich ist, dass sich Dritte gegen den Willen der Berechtigten Zugang zu fremden informationstechnischen Systemen verschaffen oder die Funktion der informationstechnischen Systeme beeinflussen können.“

Mit anderen Worten: Eine Sicherheitslücke enthält das Potenzial für einen erfolgreichen Angriff, während bei einem Sicherheitsvorfall ein solcher Angriff passiert sein muss. Sicherheitslücken beschreiben einen Zustand während Sicherheitsvorfälle Ereignisse darstellen. Mit der Erweiterung der Informationspflicht auf Sicherheitslücken geht der deutsche Gesetzentwurf also erheblich über die NIS-Richtlinie hinaus.[11]

Wie ist das zu bewerten? Sicherheitslücken sind meiner persönlichen Meinung nach in einer von Informationstechnik abhängigen Gesellschaft mit die sensibelsten Informationen, die wir uns vorstellen können. Wenn Sie so wollen, sind Informationen über Sicherheitslücken der Generalschlüssel zu allen Arten von hochsensiblen Informationen – von personenbezogenen Daten bis hin zu Betriebs- und Staatsgeheimnissen. Auch wissen wir, dass Staaten Informationen über Sicherheitslücken sammeln und strategisch als eine Art Rohstoff für Cyber-War-

---

10 Vgl. ROOS, P., Der Entwurf eines IT-Sicherheitsgesetzes, S. 770.

11 Vgl. ROOS, P., Der Entwurf eines IT-Sicherheitsgesetzes, S. 774.

fare behandeln.[12] Ich persönlich sehe daher die Erweiterung auf Sicherheitslük-ken als hochproblematisch an. Natürlich besteht die Notwendigkeit, sich Ge-danken darüber zu machen, wie Informationen über Sicherheitslücken in einer Gesellschaft verteilt werden sollen. Aber dieses muss mit sehr viel Bedacht ge-schehen und bedarf einer öffentlichen Diskussion. Keinesfalls sollte eine Pflicht zur Meldung von Sicherheitslücken über die Auslegung der Gesetzesbegründung an eine Regelung zu Sicherheitsvorfällen angehängt werden.

5 Wirksamkeit von Meldepflichten

Beschränken wir die Betrachtung nun wieder auf Sicherheitsvorfälle und wid-men uns dem oben angesprochenen Rückkopplungsmechanismus, kurz: Wie können Meldungen das Sicherheitsniveau verbessern? Im Prinzip sind drei Wir-kungszusammenhänge denkbar. Erstens gibt es die Möglichkeit, dass sich die von einem Sicherheitsvorfall Betroffenen selbst durch Verhaltensanpassung schützen. Indirekt wirkt diese auch präventiv, da die Erträge aus Cyber-Krimina-lität sinken. Zweitens könnte der erwartete Reputationsverlust für die zur Mel-dung verpflichteten Unternehmen die unterstellten externen Effekte von Sicher-heitsvorfällen internalisieren und zu einer Anpassung des Sicherheitsniveaus füh-ren. Drittens könnte das aus den aggregierten Informationen erstellte Lagebild so hilfreich sein, dass signifikant Schäden durch Sicherheitsvorfälle verhindert werden können. Wie Sie sicherlich sofort bemerken, erfordern die ersten beiden Wirkungszusammenhänge eine (zeitnahe) Veröffentlichung von detaillierten In-formationen über Sicherheitsvorfälle.

Jedoch gibt es eine Reihe von Gründen, warum Unternehmen bislang überhaupt nicht über solche Vorfälle sprechen wollen. Dazu gehören Haftungsrisiken, Gründe auf der individuellen Ebene wie die Jobsicherheit und Karriereziele so-wie natürlich ein möglicher Reputationsverlust. Auch gibt es Studien, die nach-weisen, dass Informationen über Sicherheitsvorfälle Börsenkurse verändern.[13] Da Unternehmen aus guten Gründen nicht von selbst über Sicherheitsvorfälle sprechen, könnte eine gesetzliche Pflicht eine Verhaltensänderung bewirken. Ich

---

12 Vgl. FUNG, B., The NSA hacks other countries by buying millions of dollars' worth of computer vulnerabilities, http://www.washingtonpost.com/blogs/the-switch/wp/2013/08/31/the-nsa-hacks-other-countries-by-buying-millions-of-dollars-worth-of-computer-vulnerabilities/.

verwende bewusst den Konjunktiv. Denn eine Schwierigkeit bei Informationspflichten ist immer deren Durchsetzung, insb. wenn diejenigen, die sie befolgen, gegenüber denen, die sie nicht befolgen, einen Nachteil erleiden. Auch ist im IT-Sicherheitsgesetz keine Veröffentlichungspflicht vorgesehen. Damit entfallen die Mechanismen, die sich beim kalifornischen „Breach Disclosure Law" als besonders wirksam herausgestellt haben.

Für die ökonomische Betrachtung müssen wir also eine Arbeitshypothese aufstellen, für die bislang keinerlei wissenschaftliche Evidenz vorliegt: Durch die Tatsache, dass sich 100 neue Mitarbeiter am BSI mit der Analyse des Lagebilds der IT-Sicherheit in Deutschland befassen, erhalten Unternehmen indirekt Rückmeldung – in welcher Form auch immer – und verbessern dadurch ihre IT-Sicherheit. Der für mich einzig plausible Fall, in dem dieses Szenario greifen könnte, ist, dass das erstellte Lagebild aktuell und akkurat ist. Dadurch könnten die Sicherheitsverantwortlichen besser informiert werden, so dass diese am Schluss gezielter in die IT-Sicherheit ihrer Unternehmen investieren können. Zum Beispiel könnten sie den Trade-Off zwischen proaktiver und reaktiver Sicherheit besser justieren.

Was bedeutet das ökonomisch gesehen? Es bedeutet nichts anderes, als dass wir die Sicherheitsproduktivität steigern. Die Krümmung der vorhin vorgestellten Kurve ändert sich (siehe Abb. 2). Für jeden Euro, den die Unternehmen in Sicherheit investieren, erhalten sie eine größere Reduktion der Schadenswahrscheinlichkeit. Der Effekt einer Erhöhung der Sicherheitsproduktivität wird im rechten Schaubild in Abb. 2 ersichtlich. Hier verschieben sich die U-förmigen Gesamtkosten nach links. Nehmen wir an, Unternehmen optimieren auch in diesem Fall wieder Ihre Sicherheitsinvestitionen nach ihrem optimalen Sicherheitsniveau. Dann ergibt sich eine insgesamt geringere Sicherheitsinvestition. Aus dem linken Schaubild in Abb. 2 wird gleichzeitig deutlich, dass die Reduktion der Sicherheitsinvestitionen in diesem Fall nicht zu einer Erhöhung der erwarteten Schäden durch Sicherheitsvorfälle führt. Das bedeutet, dass Informationspflichten an dieser Stelle Investitionen in Sicherheitstechnologie substituie-

---

13 Vgl. ACQUISTI, A./FRIEDMAN, A./TELANG, R., Is there a cost to privacy breaches?; CAMPBELL, K. ET AL., The economic cost of publicly announced information security breaches; GORDON, L./LOEB, M./ZHOU, L., The impact of information security breaches.

ren. Bezüglich der Schadenswahrscheinlichkeit kann daraus ein Vorteil entstehen. Wenn aber das Sicherheitsniveau nicht anders als über die Investition messbar ist, dann erscheint ein sehr konterkarierendes Bild. Wenn Informationspflichten wirksam wären, dann ließe sich beobachten, dass weniger Sicherheitsprodukte abgesetzt werden.

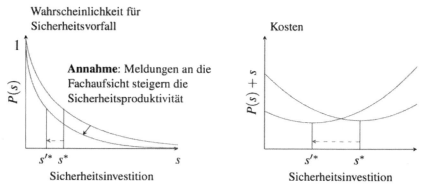

Abb. 2:   *Effekt effizienter Verwertung von Meldungen*

6   Kontrolle von Meldepflichten

Als letztes möchte ich Ihnen kurz darstellen, in welche Richtung wir denken, um Meldepflichten ökonomisch auf den Prüfstand zu stellen.[14] Dafür betrachten wir ein Prinzipal-Agent-Modell. Solche Modelle sind ein Standardansatz in vielen verschiedenen Wissenschaftsdisziplinen, um mit Informationsasymmetrien umzugehen. Er wird auch verwendet, um bspw. die Notwendigkeit und optimale Ausgestaltung von Audits zu analysieren.[15] Ich glaube nun, dass wir zusätzliche Audits brauchen, um die Einhaltung der Meldepflichten zu überprüfen. Sie sind in dieser konkreten Form in keinem der Gesetzentwürfe vorgesehen.

---

14   Vgl. LAUBE, S./BÖHME, R., Meldepflichten für IT-Sicherheitsvorfälle: Ein Prinzipal-Agent-Ansatz, in Begutachtung.

15   Vgl. ZHOU, L., The Value of Security Audits.

Um dieses zu verdeutlichen, möchte ich mit Ihnen gedanklich durch das Baumdiagramm in Abb. 3 wandern. Auf der linken Seite haben Sie das Informationssystem eines Unternehmens, welches geschützt, aber trotzdem angegriffen wurde. In diesem Fall gibt es zwei mögliche Szenarien: Zum einen könnte es sein, dass das Unternehmen selber eine Beobachtung macht und Kenntnis über den Angriff erlangt. Dieser Fall ist im unteren Ast dargestellt. Zum anderen ist es aber auch möglich, dass das Unternehmen überhaupt nicht bemerkt, dass es angegriffen wurde. Das passiert in einem Großteil der Fälle. Solche Sachverhalte werden Ihnen aus Ihrer beruflichen Tätigkeit vermutlich bekannt vorkommen: Es muss erst ein IT-Berater in ein Unternehmen kommen um den Verantwortlichen die Augen zu öffnen, welche Vorfälle aufgetreten sind.

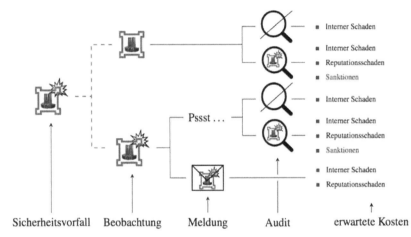

| Sicherheitsvorfall | Beobachtung | Meldung | Audit | erwartete Kosten |

Abb. 3: *Meldepflichten im Prinzipal-Agent-Modell*

Wenn die Wahrscheinlichkeit hoch ist, dass ein Sicherheitsvorfall nicht bemerkt wird, dann besteht auch die Möglichkeit, dass sich Unternehmen, die einen Vorfall bemerkt haben, dieses als Alibi nehmen und ein Nichtentdecken des Vorfalls vortäuschen. Theoretisch könnte das dazu führen, dass Unternehmen ihre Frühwarnsysteme auf ein Mindestmaß reduzieren, so dass möglichst wenige Sicherheitsvorfälle erfasst werden, um diese ebenfalls nicht melden zu müssen. Bei solchen Fällen befinden wir uns in dem unteren Zweig des in Abb. 3 dargestellten Baumes. Dort können sich Unternehmen, die einen Sicherheitsvorfall beobachten, entscheiden, ob sie diesen melden oder nicht. Um eine solche Entscheidungsmöglichkeit zu verhindern, sind daher nach meiner Auffassung zusätzliche Audits einzuführen. Mit diesen ist in den Fällen, in denen kein Sicherheitsvorfall gemeldet wurde, zu überprüfen, ob tatsächlich ein Vorfall aufgetreten ist. Auch sind diese Audits mit möglichen Konsequenzen wie Sanktionen zu versehen. Was Sie hier aber auch erkennen können, ist, dass es schwierig wird, ein geeignetes Niveau an Sanktionen zu finden. Einerseits gilt es, denjenigen, die Sicherheitsvorfälle bemerken, aber diese nicht melden würden, Anreize zu geben, Vorfälle zu melden. Andererseits sind aber auch diejenigen, denen das Erkennen und Melden von Vorfällen aus technischen Gründen nicht möglich war, nicht übermäßig zu belasten. An dieser Stelle ist aber eine solche Unterscheidung sehr schwer zu treffen. Nicht nur auf technischer Ebene ist es schwierig die geeigneten Audits zu finden, auch die geeignete Auditwahrscheinlichkeit und das geeignete Maß an Sanktionen ist äußerst schwierig zu wählen.

In diesen Punkten sind aber sowohl die NIS-Richtlinie als auch das IT-Sicherheitsgesetz vage und teilweise widersprüchlich. In der nationalen Lösung durch das IT-Sicherheitsgesetz sind Audits zwar vorgeschrieben, aber ihr Zweck wird nicht weiter spezifiziert und es sind keine Sanktionen vorgesehen. Aus meiner Sicht besonders bemerkenswert ist die Tatsache, dass im europäischen Richtlinienentwurf die Audits hingegen optional sind, während Sanktionen vorgeschrieben werden. Das Aussprechen solcher Sanktionen ist aber alleine aufgrund der fehlenden Audits äußerst schwierig.

7 Fazit

Ich hoffe, dass ich Ihnen verdeutlichen konnte, wo die Probleme bei der Regulierung von IT-Sicherheit liegen. Auch habe ich versucht zu zeigen, wie wir in unserer Forschung ökonomische Prinzipien und das Wissen über die technischen Möglichkeiten, wie z. B. bei der technischen Frage, wie gut ein Sicherheitsvorfall beobachtbar ist, kombinieren, um eine ökonomische Analyse von IT-Compliance-Gesetzgebung und möglicher Gesetzgebung auf diesem Gebiet durchzuführen.

Lassen Sie mich also das Gesagte in einem Fazit zusammenfassen: Das deutsche IT-Sicherheitsgesetz verfeinert die EU-Richtlinie und geht in bestimmten Punkten, insb. bei Sicherheitslücken, über diese hinaus. Weiterhin sollten Sie sich bewusst sein, dass Sicherheits- und Wohlfahrtsmaximierung nicht immer gleichgerichtete Ziele sind, sondern oft in einem Zielkonflikt stehen. Wenn der Austausch sicherheitsrelevanter Informationen wie im Vortrag unterstellt wirkt und zu einer Erhöhung der Sicherheitsproduktivität führt, dann werden dadurch Investitionen in IT-Sicherheit substituiert. Allerdings haben wir keine Daten darüber, wie ein durch die Meldepflichten erstelltes Lagebild tatsächlich die Sicherheit verbessern kann. Ohne diese basieren unsere Aussagen auf einer optimistischen Annahme. Damit ein Informationsaustausch in Form von Meldepflichten effektiv ist, sind zusätzliche Audits, gekoppelt mit Sanktionen, einzuführen. Als letztes möchte ich das Problem betonen, dass sich nicht entdeckte Vorfälle oft nicht von verschwiegenen Vorfällen unterscheiden lassen, was das Ermitteln eines geeigneten Sanktionsniveaus erschwert.

Literaturverzeichnis

ACQUISTI, ALESSANDRO/FRIEDMAN, ALLAN/TELANG, RAHUL, Is there a cost to privacy breaches? An event study, in: Proceedings of the Twenty Seventh International Conference on Information Systems, Milwaukee 2006 (Is there a cost to privacy breaches?).

ANDERSON, ROSS, EU cyber security directive considered harmful, 2013, abrufbar unter: https://www.lightbluetouchpaper.org/2013/02/08/, (Stand: 22.07.2014, 12:00 Uhr) (EU cyber security directive considered harmful).

BITKOM (Hrsg.), BITKOM fordert Nachbesserungen am IT-Sicherheitsgesetz, 2013, abrufbar unter: http://www.bitkom.org/de/themen/54742_75692.aspx, (Stand: 15.08.2014, 10:00 Uhr) (BITKOM fordert Nachbesserungen am IT-Sicherheitsgesetz).

BÖHME, RAINER, Wann sind IT-Security-Audits nützlich?, in: Proceedings of the 10th International Conference on Wirtschaftsinformatik, hrsg. v. Bernstein, Abraham, Zürich 2011 (Wann sind IT-Security-Audits nützlich?).

BUNDESMINISTERIUM DES INNERN (Hrsg.), Entwurf eines Gesetzes zur Erhöhung der Sicherheit informationstechnischer Systeme, 2014, abrufbar unter: http://www.bmi.bund.de/SharedDocs/Downloads/DE/Gesetzestexte/Entwuerfe/Entwurf_IT-Sicherheitsgesetz.pdf?__blob (Stand: 26.08.2014, 10:00 Uhr) (IT-SiG).

BUNDESVERBAND DER DEUTSCHEN INDUSTRIE E. V. (Hrsg.), Stellungnahme zum Entwurf eines Gesetzes zur Erhöhung der Sicherheit Informationstechnischer Systeme vom 5. März 2013, abrufbar unter: http://www.dvgw.de/fileadmin/dvgw/presse/pdf/stellungnahme_it_sicherheitsgesetz-1.pdf (Stand: 26.08.2014, 10:00 Uhr) (Stellungnahme).

BUSSMANN, KAI-D./NESTLER, CLAUDIA/SALVENMOSER, STEFFEN, Wirtschaftskriminalität und Unternehmenskultur 2013, Frankfurt 2013 (Wirtschaftskriminalität und Unternehmenskultur 2013).

CALIFORNIA STATE SENATE (Hrsg.), Assembly Bill 700: An act to amend, renumber, and add Section 1798.82 of, and to add Section 1798.29 to, the Civil Code, relating to personal information, California 2002 (Assembly Bill 7000).

CAMPBELL, KATHERINE/GORDON, LAWRENCE A./LOEB, MARTIN P./ZHOU, LEI, The economic cost of publicly announced information security breaches: empirical evidence from the stock market, in: Journal of Computer Security 2013, S. 431-448 (The economic cost of publicly announced information security breaches).

FUNG, BRIAN, The NSA hacks other countries by buying millions of dollars' worth of computer vulnerabilities, 2013, abrufbar unter: http://www.washington-post.com/blogs/the-switch/wp/2013/08/31/the-nsa-hacks-other-countries-by-buying-millions-of-dollars-worth-of-computer-vulnerabilities/ (Stand: 22.08.2014, 10:00 Uhr) (The NSA hacks other countries by buying millions of dollars' worth of computer vulnerabilities).

GORDON, LAWRENCE A./LOEB, MARTIN P./ZHOU, LEI, The impact of information security breaches: Has there been a downward shift in costs?, in: Journal of Computer Security 2011, S. 33-56 (The impact of information security breaches).

LAUBE, STEFAN/BÖHME, RAINER, Meldepflichten für IT-Sicherheitsvorfälle: Ein Prinzipal-Agent-Ansatz, 2015, in Begutachtung (Meldepflichten für IT-Sicherheitsvorfälle: Ein Prinzipal-Agent-Ansatz).

MULLIGAN, DEIDRE K./BAMBERGER, KENNETH A., Security Breach Notification Laws: Views from Chief Security Officers, Samuelson Law, Technology & Public Policy Clinic, University of California, Berkeley School of Law, abrufbar unter: https://www.law.berkeley.edu/files/cso_study.pdf (Stand: 26.08.2014, 10:00 Uhr) (Security Breach Notifaction Laws).

ROOS, PHILIPP, Der Entwurf eines IT-Sicherheitsgesetzes: Regelungsinhalte und ihre Übereinstimmung mit dem Richtlinienvorschlag der EU-Kommission, in: K&R 2013, S. 769-775 (Der Entwurf eines IT-Sicherheitsgesetzes).

ZHOU, LEI, The Value of Security Audits, Asymmetric Information and Market Impacts of Security Breaches, Maryland 2004. (The Value of Security Audits).

Hanno Merkt

Compliance und Risikomanagement bei mittelständischen Unternehmen aus rechtlicher Perspektive: Anforderungen und Haftung

Prof. Dr. Hanno Merkt, LL.M. (Univ. of Chicago)
Direktor des Instituts für ausländisches und internationales Privatrecht
der Albert-Ludwigs-Universität Freiburg und Richter im zweiten Hauptamt
am Oberlandesgericht Karlsruhe

Vortrag, gehalten am 05. Juni 2014 auf dem
29. Münsterischen Tagesgespräch
„Mittelstand im Blick:
Compliance und Risikomanagment"

Gliederung:

1   Einführung

Das Thema „Compliance und Risikofrüherkennung im Mittelstand" ist nicht mehr ganz neu. Die Zahl der juristischen wie ökonomischen Beiträge dazu hat in den letzten Jahren stetig zugenommen.[1] Das überrascht nicht, denn wie auch bei anderen Themen ist zu beobachten, dass Regelungsfragen des Aktienrechts und insb. Fragen der großen börsennotierten AG mit gewisser Verzögerung auch im Recht der geschlossenen Kapitalgesellschaften „ankommen".[2] Allerdings haben aufsehenerregende Fälle wie der Untreueprozess gegen frühere Manager des Bankhauses *Sal. Oppenheim*,[3] einer KGaA, der Datenschutzskandal beim Discounter *Lidl*,[4] einer Stiftung & Co. KG, oder die Unregelmäßigkeiten beim Automobilclub ADAC,[5] einem eingetragenen Idealverein,[6] erst in jüngerer und jüngster Zeit gezeigt, dass sich auch in der Praxis der mittelständischen Unternehmen in Deutschland tatsächlich gravierende Compliance- und Risikofrüherkennungs-Fragen stellen.[7]

---

1   Aus rechtlicher Sicht etwa BECKMANN, M., Haftung für mangelhafte Compliance-Organisation, R113 f.; CAMPOS NAVE, J./ZELLER, J., Corporate Compliance in mittelständischen Unternehmen, S. 131; FISSENEWERT, P., Compliance für den Mittelstand; KORT, M., Compliance-Pflichten und Haftung von GmbH-Geschäftsführern, S. 566; VON MARNITZ, L., Compliance Management für mittelständische Unternehmen; aus Sicht der wirtschaftsprüfenden und unternehmensberatenden Praxis BECKER, B./JANKER, B./MÜLLER, S., Die Optimierung des Risikomanagements als Chance für den Mittelstand, S. 1578; BEHRINGER, S./REUSCH, P., Organisation von Compliance bei KMU, S. 237; BÖMELBURG, P. U. A., Risikomanagement im Mittelstand – Eine aktuelle Bestandsaufnahme, S. 1161; KIRSTAN, T., Die zunehmende Bedeutung von Compliance, Risikomanagement und Interner Revision für mittelständische Unternehmen, S. 115; WINKELJOHANN, N./KELLERSMANN, D., Corporate Governance im Mittelstand, insbesondere Familienunternehmen, S. 8; WENDT, M., Compliance Management und Unternehmenskultur in mittelständischen Unternehmen, S. 206.

2   Etwa KORT, M., Die Regelung von Risikomanagement und Compliance im neuen KAGB, S. 582; VELTE, P./BUCHHOLZ, A., Regulierung der Aufsichtsratstätigkeit durch das CRD IV-Umsetzungsgesetz, S. 400; ZETSCHE, D., Das Gesellschaftsrecht des Kapitalanlagegesetzbuchs, S. 613; zu der methodischen Frage, wie dieses vielfach als „Ausstrahlung" bezeichnete Phänomen einzuordnen ist, etwa DREHER, M., Ausstrahlung des Aufsichtsrechts auf das Aktienrecht, S. 496.

3   Dazu LG KÖLN (Hrsg.), Pressemitteilung des Landgerichts Köln zum Strafverfahren „Oppenheim-Esch", http://www.lg-koeln.nrw.de/presse/Pressemitteilungen/index.php; weiterhin LG KÖLN (Hrsg.), Pressemitteilung des Landgerichts Köln zur Zusammenlegung der Strafverfahren „Oppenheim-Esch" und „ADG/Arcandor", http://www.lg-koeln.nrw.de/presse/Pressemitteilungen/index.php.

4   Dazu SÜDDEUTSCHE ZEITUNG (Hrsg.), Millionen-Strafe für die Schnüffler, http://www.sueddeutsche.de/wirtschaft/lidl-muss-zahlen-millionen-strafe-fuer-die-schnueffler-1.709085.

Unterdessen hat die Diskussion um Compliance und Risikofrüherkennung mit dem *Siemens/Neubürger*-Urteil des Landgerichts München I vom Dezember 2013[8] eine neue Dimension erreicht, und dies auch und gerade für mittelständische Unternehmen. Mit dieser – im Juni 2014 noch nicht rechtskräftigen[9] – Entscheidung wurde erstmalig ein Geschäftsleiter einer deutschen Kapitalgesellschaft zu Schadensersatz in Höhe von 15 Mio. Euro wegen Verletzung der ihm obliegenden Compliance-Pflicht verurteilt. Aus Sicht der mittelständischen Unternehmen ist diese Entscheidung besonders deshalb bemerkenswert, weil der betroffene Unternehmensträger, die Siemens AG, eine große börsennotierte Aktiengesellschaft ist. Die in der Entscheidung unternommenen Konkretisierungen und Präzisierungen der Compliance-Pflicht, die für die Praxis von erheblicher Tragweite sind und bereits eine lebhafte Debatte ausgelöst haben,[10] werfen die Frage auf, ob und in welchem Umfang die vom Landgericht gewonnenen Erkenntnisse auf mittelständische Gesellschaften übertragen werden können. Konkret: Droht dem Geschäftsleiter des mittelständischen Unternehmens ggf. das-

---

5   Dazu Untersuchungsbericht von DELOITTE (Hrsg.), ADAC e. V. – Ergebnisse der Untersuchung des Wahlverfahrens zum Titelträger „Lieblingsauto der Deutschen 2014", http:/ /www.adac.de/_mmm/pdf/140210_Yellow_PPT_CLEAN_VERSION_199973.pdf.

6   Allerdings stellt sich beim ADAC ein besonderes Problem, denn nach Größe und Struktur des ADAC erscheint es mehr als zweifelhaft, dass der Idealverein des BGB als Rechtsform für den ADAC überhaupt in Frage kommt, weshalb beim AG München als zuständigem Registergericht ein Prüfungsverfahren eingeleitet wurde; zu der schon früher geführten Diskussion um die Aufrechterhaltung des vereinsrechtlichen Nebenzweckprivilegs des ADAC für Tätigkeiten, bei denen die Gewinnerzielungsabsicht im Vordergrund steht, siehe BGH, Urteil vom 29.09.1982 – ZI ZR 88/80, S. 569 und dazu SCHMIDT, K., Wirtschaftstätigkeit von „Idealvereinen" durch Auslagerung auf Handelsgesellschaften, S. 543.

7   Kurzer Überblick über die Rechtslage in den USA und im Vereinigten Königreich bei FISSENEWERT, P., Compliance für den Mittelstand, S. 205 ff. und in Österreich bei KALSS, S., in: Münchener Kommentar zum AktG, § 91 AktG, Rn. 91 ff.

8   Vgl. LG MÜNCHEN I, Urteil vom 10.12.2013 – 5 HK O 1387/10, S. 345 und dazu etwa MEYER, S., Compliance-Verantwortlichkeit von Vorstandsmitgliedern – Legalitätsprinzip und Risikomanagement, S. 1063; FLICK, M., Jedes Vorstandsmitglied ist für die Einrichtung und Überwachung eines Compliance-Systems verantwortlich, S. 151; ACKER, W., Vorstand/Geschäftsführer muss für funktionierendes Compliance-System sorgen!, S. 309; FLEISCHER, H., Aktienrechtliche Compliance-Pflichten im Praxistest: Das Siemens/Neubürger-Urteil des LG München I, S. 321; SIMON, S./MERKELBACH, M., Organisationspflichten des Vorstands betreffend das Compliance-System – Der Neubürger-Fall, S. 318; GRÜTZNER, T., Compliance 2.0 – LG München I verpflichtet Vorstände zur „Compliance", S. 850; HAHN, V., Haftung des AG-Vorstands wegen Einrichtung eines mangelhaften Compliance-Systems zur Verhinderung von Schmiergeldzahlungen („Siemens"), S. 175.

selbe Schicksal wie *Heinz-Joachim Neubürger*? Wenn ja, unter welchen Voraussetzungen? Und vielleicht am wichtigsten: Wie kann sich der Geschäftsleiter der GmbH oder der KG effektiv davor schützen? Der folgende Beitrag möchte diesen Fragen nachgehen. Dabei soll die Compliance-Pflicht im Vordergrund stehen. Sie dominiert gegenwärtig die Diskussion und gibt, wie näher zu zeigen sein wird, die wesentlichen Orientierungspunkte für die am Ende zu behandelnde Frage nach der Pflicht zur Risikofrüherkennung in mittelständischen Unternehmen vor.

Unter der Compliance-Pflicht ist die Pflicht des Geschäftsleiters einer Gesellschaft zu verstehen, selbst normkonform zu handeln sowie auf normkonformes Verhalten anderer in der Gesellschaft zu achten.[11] Dazu gehört einerseits, Normverstöße durch geeignete Maßnahmen zu verhindern, und andererseits, im Verdachtsfall mögliche Verstöße aufzuklären sowie aufgedeckte Normverstöße angemessen zu sanktionieren. Der Kreis der zu beachtenden Normen reicht nach zutreffendem Verständnis über den Bereich des Gesetzesrechts hinaus und erfasst insb. auch die in bzw. von der betreffenden Gesellschaft selbst gesetzten Normen,[12] allen voran ihre Satzung im Sinne einer Verfassung dieser Gesellschaft, aber auch andere selbstgesetzte Standards wie etwa Grundsätze der Unternehmenskultur oder Ethikgrundsätze.[13] Hingegen gehören privatvertraglich begründete Pflichten etwa aus Kauf- oder Lieferverträgen nicht zu den Pflichten,

---

9   Das Rechtsmittelverfahren wird beim OLG München unter dem Az. 7 U 113/14 geführt.

10   Etwa FLICK, M., Jedes Vorstandsmitglied ist für die Einrichtung und Überwachung eines Compliance-Systems verantwortlich, S. 151; ACKER, W., Vorstand/Geschäftsführer muss für funktionierendes Compliance-System sorgen!, S. 309; FLEISCHER, H., Aktienrechtliche Compliance-Pflichten im Praxistest: Das Siemens/Neubürger-Urteil des LG München I, S. 321.

11   Umfassend zur Diskussion um die Bestimmung des Begriffs „Compliance" VON MARNITZ, L., Compliance Management für mittelständische Unternehmen, S. 15 ff.

12   Siehe auch § 317 Abs. 1 S. 2 HGB: „Die Prüfung des Jahresabschlusses und des Konzernabschlusses hat sich darauf zu erstrecken, ob die gesetzlichen Vorschriften und sie ergänzende Bestimmungen des Gesellschaftsvertrags oder der Satzung beachtet worden sind." – Siehe etwa FISSENEWERT, P., Compliance für den Mittelstand, S. 5 f.; inwieweit supranationale Normen einbezogen sind, hängt vom konkreten Fall ab. So sind bekanntlich die IFRS für bestimmte Gesellschaften gem. § 315a HGB verbindlich, für andere nicht, näher MERKT, H., in: Bilanzrecht – Kommentar, § 315a HGB, Rn. 1 ff.; verpflichtet sich eine Gesellschaft freiwillig und in Ergänzung zum HGB, nach IFRS zu bilanzieren, gehört die Beachtung der IFRS zum Pflichtenprogramm, dessen Erfüllung im Rahmen der Compliance-Pflicht zu gewährleisten ist.

deren Erfüllung durch Compliance gesichert werde soll.[14] Denn dabei geht es um subjektive Pflichten einer Vertragspartei gegenüber einer anderen Vertragspartei und nicht um die Beachtung von objektiven Regeln.

Inwieweit ethische Grundsätze oder Standards zum Kreis der compliance-relevanten Normen zu zählen sind, lässt sich nicht pauschal beantworten. Richtigerweise wird man verlangen müssen, dass sich ethische Standards hinreichend klar und fassbar in nachvollziehbarer Form niedergeschlagen haben müssen, um im Rahmen der Compliance relevant zu sein.

2 Rechtsdogmatische Grundlage der Compliance-Pflicht

Die Frage nach der Geltung der Compliance-Pflicht in der mittelständischen Gesellschaft muss bei der rechtsdogmatischen Grundlegung der Compliance-Pflicht ansetzen. Denn nach verbreiteter Auffassung findet die Compliance-Pflicht im Aktienrecht ihren gesetzlichen Niederschlag, weshalb man annehmen könnte, dass sie ein Spezifikum des Aktienrechts darstelle. Hier zeigt sich, dass der Frage nach der dogmatischen Grundlage keineswegs, wie vereinzelt zu lesen ist,[15] die praktische Relevanz fehlt. Denn je nach der Verortung im Aktien-, im Kapitalgesellschafts- oder aber im allgemeinen Verbandsrecht erhält die Compliance-Pflicht einen unterschiedlichen Geltungsbereich. Die dogmatische Grundlage der Compliance-Pflicht und der Risikofrüherkennungs-Pflicht ist aber auch bedeutsam für die Frage der Delegierbarkeit und für die Reichweite der Prüfungspflichten des Abschlussprüfers nach § 317 Abs. 4 HGB. An sich ist das Gebot, gesetzeskonform zu handeln (bisweilen etwas überhöht als „Legalitätspflicht" bezeichnet), im Rechtsstaat für Staat wie Bürger eine blanke Selbstverständlichkeit. Es richtet sich an jedes Rechtssubjekt.

---

13 Dies deckt sich mit dem empirischen Befund einer Umfrage unter mittelständischen Unternehmen, wonach als Bereiche der Compliance an erster Stelle „gesetzliche Vorgaben", an zweiter Stelle „Unternehmenskultur", an dritter Stelle „Geschäftsordnung/Satzung" und an vierter Stelle „sonstige interne Verhaltensregeln" genannt wurden, siehe DELOITTE (Hrsg.), Compliance im Mittelstand, http://www2.deloitte.com/content/dam/deloitte/de/documents/mittelstand/studie-compliance-im-mittelstand.pdf, S. 9.

14 Anders KPMG (Hrsg.), Studie Compliance-Management-Systeme, S. 6.

15 Etwa bei SPINDLER, G., in: Münchener Kommentar zum AktG, § 91 AktG, Rn. 52 m. w. N.

In der Frage der dogmatischen Grundlage der Compliance-Pflicht gehen die Meinungen auseinander:[16] Manche meinen, die Compliance-Pflicht sei aus § 91 Abs. 2 AktG abzuleiten, wonach der Vorstand der Aktiengesellschaft geeignete Maßnahmen zu treffen und insb. ein Überwachungssystem einzurichten hat, damit Entwicklungen, die den Fortbestand der Gesellschaft gefährden, früh erkannt werden.[17] Andere sehen die Grundlage in der allgemeinen Leitungspflicht nach §§ 76 Abs. 1 und 93 Abs. 1 AktG. Danach hat der Vorstand die Gesellschaft unter eigener Verantwortung zu leiten und bei der Geschäftsführung die Sorgfalt eines ordentlichen und gewissenhaften Geschäftsleiters anzuwenden.[18] Wieder andere stützen die Compliance-Pflicht auf eine Gesamtanalogie zu einer Reihe von Einzelvorschriften aus unterschiedlichen Rechtsgebieten,[19] etwa § 130 Abs. 1 OWiG, der Verletzungen der Aufsichtspflicht in Betrieben oder Unternehmen mit Strafe oder Geldbuße bedroht, oder § 52a BImSchG, der Industrieunternehmen bestimmte Überwachungsmaßnahmen zum Schutz vor gefährlichen Immissionen auferlegt, oder aber § 14 Geldwäschegesetz (GwG), der Vorkehrungen gegen Geldwäsche verlangt.[20] Schließlich wurde auch der Deutsche Corporate Governance Kodex (DCGK) als Grundlage einer

---

16 Das LG München I hat diese Frage in seinem Siemens/Neubürger-Urteil ausdrücklich offen gelassen, vgl. LG MÜNCHEN I, Urteil vom 10.12.2013 – 5 HK O 1387/10, S. 345 f.

17 Vgl. SCHWINTOWSKI, H., Gesellschaftsrechtliche Anforderungen an Vorstandshaftung und Corporate Governance, S. 200-202; BERG, C., Korruption in Unternehmen und Risikomanagement nach § 91 Abs. 2 AktG, S. 284 ff.; SPINDLER, G., Compliance in der multinationalen Bankengruppe, S. 905-907; DREHER, M., Die Vorstandsverantwortung im Geflecht von Risikomanagement, Compliance und interner Revision, S. 168 ff.

18 So BACHMANN, G., Compliance – Rechtsgrundlagen und offene Fragen, S. 73 f.; IMMENGA, U., Compliance als Rechtspflicht nach Aktienrecht und Sarbanes-Oxley Act, S. 202; ARBEITSKREIS EXTERNE UND INTERNE ÜBERWACHUNG DER UNTERNEHMUNG DER SCHMALENBACH-GESELLSCHAFT FÜR BETRIEBSWIRTSCHAFT, Compliance – 10 Thesen für die Unternehmenspraxis, S. 1509 f.; WINTER, G., Die Verantwortlichkeit des Aufsichtsrats für Corporate Compliance, S. 1103 f.; LANGENBUCHER, K., Aktien- und Kapitalmarktrecht, § 4, Rn. 85a; LUTTER, M., Konzernphilosophie vs. konzernweite Compliance und konzernweites Risikomanagement, S. 291; MERTENS, H./CAHN, A., in: Kölner Kommentar zum AktG, § 91 AktG, Rn. 37; VERSE, D., Compliance im Konzern – Zur Legalitätskontrollpflicht der Geschäftsleiter einer Konzernobergesellschaft, S. 404 f.

19 Vgl. SCHNEIDER, U., Compliance als Aufgabe der Unternehmensleitung, S. 648 f.; EISELE, D./FAUST, A., in: Bankrechts-Handbuch, § 109, Rn. 95a; MOOSMAYER, K., Compliance – Praxisleitfaden für Unternehmen, S. 5.

20 Weitere Vorschriften bei SCHNEIDER, U., Compliance als Aufgabe der Unternehmensleitung, S. 645 und dazu HAUSCHKA, C., in: Corporate Compliance, § 1, Rn. 22.

Compliance-Pflicht angesehen (Ziff. 4.1.3[21], 3.4.2[22] und 5.3.2[23] DCGK).[24] Alternativ zu diesen aus dem Gesellschaftsrecht heraus entwickelten Erklärungen setzen andere sozusagen „von außen", nämlich im allgemeinen Handelsrecht an. Sie sehen die Grundlage der Compliance-Pflicht in der hergebrachten Figur des „ehrbaren Kaufmanns", zu dessen Selbstverständnis die Achtung von Recht und Gesetz zählt.[25]

Der Stellungnahme zu dieser Diskussion ist vorauszuschicken, dass nicht immer deutlich genug unterschieden wird zwischen der Compliance-Pflicht einerseits und der Pflicht zur Einrichtung eines bestimmten Compliance-Überwachungssystems andererseits. Die Compliance-Pflicht als solche ist die Voraussetzung dafür, dass eine Pflicht zur Schaffung eines bestimmten Compliance-Überwachungssystems bzw. einer entsprechenden Organisation besteht. Umgekehrt wird keineswegs überall dort, wo eine Compliance-Pflicht besteht, auch eine daran anknüpfende und darüber hinausgehende Pflicht zur Einrichtung eines be-

---

21 Ziff. 4.1.3: „Der Vorstand hat für die Einhaltung der gesetzlichen Bestimmungen und der unternehmensinternen Richtlinien zu sorgen und wirkt auf deren Beachtung durch die Konzernunternehmen hin (Compliance)."

22 Ziff. 3.4.2: „Der Vorstand informiert den Aufsichtsrat regelmäßig, zeitnah und umfassend über alle für das Unternehmen relevanten Fragen der Strategie, der Planung, der Geschäftsentwicklung, der Risikolage, des Risikomanagements und der Compliance. Er geht auf Abweichungen des Geschäftsverlaufs von den aufgestellten Plänen und Zielen unter Angabe von Gründen ein."

23 Ziff. 5.3.2: „Der Aufsichtsrat soll einen Prüfungsausschuss (Audit Committee) einrichten, der sich insbesondere mit der Überwachung des Rechnungslegungsprozesses, der Wirksamkeit des internen Kontrollsystems, des Risikomanagementsystems und des internen Revisionssystems, der Abschlussprüfung, hier insbesondere der Unabhängigkeit des Abschlussprüfers, der vom Abschlussprüfer zusätzlich erbrachten Leistungen, der Erteilung des Prüfungsauftrags an den Abschlussprüfer, der Bestimmung von Prüfungsschwerpunkten und der Honorarvereinbarung sowie – falls kein anderer Ausschuss damit betraut ist – der Compliance, befasst. Der Vorsitzende des Prüfungsausschusses soll über besondere Kenntnisse und Erfahrungen in der Anwendung von Rechnungslegungsgrundsätzen und internen Kontrollverfahren verfügen. Er soll unabhängig und kein ehemaliges Vorstandsmitglied der Gesellschaft sein, dessen Bestellung vor weniger als zwei Jahren endete."

24 Vgl. BÜRKLE, J., Corporate Compliance als Standard guter Unternehmensführung des Deutschen Corporate Governance Kodex, S. 1797.

25 Etwa GRAF, C./STOBER, R. (Hrsg.), Der Ehrbare Kaufmann und Compliance; STOBER, R., Ist der Ehrbare Kaufmann der Schlüssel für Compliance-Anforderungen?, S. 1573.

stimmten Überwachungssystems bestehen. Die Compliance-Pflicht lässt sich daher als die primäre Pflicht bezeichnen, während die Pflicht zur Errichtung eines Überwachungssystems erst sekundär greift.

Aus dieser Erkenntnis folgt, dass die Pflicht nach § 91 Abs. 2 AktG zur Einrichtung eines Überwachungssystems, die nach § 317 Abs. 4 HGB bei der börsennotierten AG Gegenstand der Abschlussprüfung ist, nicht die Grundlage der Compliance-Pflicht selbst sein kann. Vielmehr setzt diese aktienrechtliche Systemeinrichtungspflicht die Compliance-Pflicht voraus. Hinzu kommt, dass die Pflicht zur Verhinderung von Normverstößen nicht mit der Pflicht zur Früherkennung bestandsgefährdender Risiken identisch ist. Insbesondere löst keineswegs jeder Normverstoß bestandsgefährdende Risiken aus.[26]

Ebenso wenig überzeugt der Gedanke einer Gesamtanalogie zu einzelnen Compliance-Vorschriften aus unterschiedlichen Rechtsgebieten. Man kann versuchen, dies mit der Heterogenität dieser Vorschriften zu begründen.[27] Allerdings könnte gerade diese Heterogenität auch dafür sprechen, dass es sich um eine sehr grundsätzliche und weitgreifende Pflicht handelt, die eben in sehr unterschiedlichen phänotypischen Erscheinungsformen vorzufinden ist. Entscheidend dürften indessen zwei Punkte sein: Erstens setzen diese Vorschriften eine Compliance-Pflicht gedanklich voraus. Sehr deutlich wird dies bei § 130 Abs. 1 OWiG, der lediglich akzessorisch an die andernorts statuierte Pflicht eine Straf- oder Bußgeldsanktion knüpft. Und zweitens fehlt es für eine Analogie an der erforderlichen Regelungslücke, wie sogleich darzulegen sein wird.

Auch der DCGK erscheint als Grundlage der Compliance-Pflicht ungeeignet. Das folgt schon aus seiner Rechtsnatur. Denn zum einen wiederholt er nur, was geltendes Recht ist, und zum anderen enthält er bloße Empfehlungen.[28] Außerdem ist er auf börsennotierte Aktiengesellschaften zugeschnitten. Für mittelständische Unternehmensträgerformen passt er nicht.

---

26 So bereits BACHMANN, G./PRÜFER, G., Korruptionsprävention und Corporate Governance, S. 109-111; KINDLER, P., Pflichtverletzung und Schaden bei der Vorstandshaftung wegen unzureichender Compliance, S. 370; SCHNEIDER, U., Compliance im Konzern, S. 1323.

27 So etwa FLEISCHER, H., Aktienrechtliche Compliance-Pflichten im Praxistest: Das Siemens/Neubürger-Urteil des LG München I, S. 321 f.

28 Zutreffend HAUSCHKA, C., in: Corporate Compliance, § 1, Rn. 23.

Der Rückgriff auf das allgemeine Handelsrecht und die Figur des ehrbaren Kaufmanns schließlich steht vor dem Problem, dass es bei der Compliance gerade nicht allein um die Person des Geschäftsleiters geht, sondern vor allem um die Mitarbeiter der Gesellschaft, über die der Geschäftsleiter die Leitungsfunktion ausübt.

Diese Überlegung weist denn auch in die richtige Richtung. Geeignetes Anknüpfungsobjekt für die dogmatische Begründung der Compliance-Pflicht ist einzig die Leitungs(sorgfalts)pflicht des Geschäftsleiters im Verband. Diese Leitungssorgfaltspflicht entspringt einem allgemeinen verbandsrechtlichen Grundgedanken: Wer im Verband Leitungsverantwortung trägt, den treffen entsprechende Sorgfaltspflichten,[29] zu denen es gehört, auf die Normeinhaltung durch den Verband und im Verband zu achten. Mithin entspringt die Compliance-Pflicht der Leitungssorgfaltspflicht, die wiederum mit der Leitungsverantwortung korrespondiert. Daraus folgt zugleich: Die Compliance-Pflicht besteht, soweit – und auch nur soweit – den Geschäftsleiter Leitungsverantwortung trifft. Dies ist bedeutsam für die Frage der Compliance-Pflicht im Konzern, aber auch für die GmbH und andere Unternehmensträgerformen, in denen die Gesellschafter die Geschäftsleitung ganz oder zum Teil an sich ziehen können.

3 Compliance-Pflicht als allgemeiner verbandsrechtlicher Grundsatz

Aus der dogmatischen Fundierung in der Leitungssorgfaltspflicht folgt, dass eine Compliance-Pflicht (im Unterschied zur Compliance-Organisations-Pflicht) im Grundsatz und unabhängig von der Größe der Gesellschaft, der Gesellschafterstruktur (börsennotiert, geschlossen oder in Familienbesitz) und der Frage der Gewinnerzielungsabsicht oder der Gemeinnützigkeit für das gesamte Verbandsrecht und damit für jeden Geschäftsleiter besteht, sei es in der AG[30] (kapital-

---

29 Grundlegend SPINDLER, G., Unternehmensorganisationspflichten – Zivilrechtliche und öffentlich-rechtliche Regelungskonzepte; PAEFGEN, W., Unternehmerische Entscheidungen und Rechtsbindung der Organe in der AG.

30 Unter Einschluss der Europäischen Aktiengesellschaft (*Societas Europaea*, SE).

marktorientiert ebenso wie nicht kapitalmarktorientiert), in der GmbH, in der Personenhandelsgesellschaft (oHG, KG, GmbH & Co. KG), in der KGaA, im Verein, in der Stiftung[31] oder in der Genossenschaft.

Dieser Befund führt zunächst zu einer wesentlichen Erkenntnis für die Frage nach der Compliance-Pflicht im Mittelstand. Einer solchen Pflicht unterliegen Geschäftsleiter auch in jenen Verbandsformen, die im Mittelstand besonders häufig zu finden sind bzw. die typischerweise als Rechtsträger für kleine und mittlere Unternehmen gewählt werden. Für die GmbH wird man allerdings zunächst zu berücksichtigen haben, dass sie nach ihrer gesetzgeberischen Grundkonzeption keine kleine Aktiengesellschaft ist, sondern als Kapitalgesellschaft auf personalistischer Grundlage dem Gesellschafterkreis möglichst viel Freiheit belassen will. Insbesondere sind bei der typischen, d. h. nicht kapitalmarktorientierten GmbH Anlegerschutzvorschriften nicht erforderlich, was sich darin niederschlägt, dass die Gründungsanforderungen bei der GmbH weniger streng sind.[32] Diese strukturellen Unterschiede können für die Frage nach Umfang und System der Compliance ganz praktische Konsequenzen haben, worauf noch zurückzukommen sein wird.[33]

Während allerdings in Rechtsprechung und Literatur die Compliance-Pflicht für die AG und für die GmbH heute dem Grunde nach als weithin unbestritten gelten kann,[34] greift man für die sonstigen Verbandsformen und insb. für die Personengesellschaft weitgehend ins Leere. Soweit für die oHG die Geschäftsführungspflicht überhaupt thematisiert wird, geht es um den Entzug der Geschäftsführungsbefugnis wegen grober Pflichtverletzung oder Unfähigkeit zur ordnungsgemäßen Geschäftsführung, etwa in Form des Unterlassens ordnungsgemäßer Buchführung.[35] Eine detaillierte Beschreibung des Pflichtenpro-

---

31 Zur Corporate Governance von Non-Profit Organisationen etwa SILVERMAN, M., Compliance Management for Public, Private, or Nonprofit Organizations; HOPT, K., The Board of Nonprofit Organizations: Some Corporate Governance Thoughts from Europe.

32 Vgl. BAYER, W., Empfehlen sich besondere Regeln für börsennotierte und für geschlossene Gesellschaften?, S. 15 ff.; BAYER, W., Kapitalschutz in der GmbH – eine Generalkritik, S. 25 f.

33 Dazu bereits KORT, M., Compliance-Pflichten und Haftung von GmbH-Geschäftsführern, S. 566.

34 Für die GmbH etwa LEINEKUGEL, R., in: Praxishandbuch der GmbH-Geschäftsführung, § 18, Rn. 7; HAAS, U./ZIEMONS, B., in: Gmbh-Gesetz, § 43 GmbHG, Rn. 44; FLEISCHER, H., in: Münchener Kommentar zum GmbHG, § 43 GmbHG, Rn. 145.

35 Vgl. SCHMIDT, K., Gesellschaftsrecht, S. 1390 mit Verweis auf RGSt 45 387 f.

gramms sucht man vergebens. Aufgezählt werden lediglich kasuistisch bestimmte Einzelpflichten, etwa die Pflicht zum Einsatz der Arbeitskraft, die Pflicht zur Nutzung von Geschäftschancen für die Gesellschaft, die Beratungspflicht, die Benachrichtigungs-, Auskunfts- und Rechenschaftspflicht sowie die Pflicht zur Herausgabe.[36] Vereinzelt wird pauschal darauf verwiesen, für die Geschäftsleitung der oHG (und damit über § 161 Abs. 2 HGB auch für die KG) seien „im Ansatz vergleichbare Maßstäbe, wie sie zu § 93 Abs. 1 AktG, § 43 Abs. 1 GmbHG entwickelt worden sind", maßgeblich.[37] Diese Analogie ist nicht unproblematisch, weil sie Gefahr läuft, Elemente der Geschäftsleiter-Sorgfaltspflicht aus dem Recht der großen (börsennotierten) Kapitalgesellschaft in die Personengesellschaft zu importieren, was in der Grundtendenz zu überzogenen Anforderungen führen dürfte.[38]

Manche ziehen hingegen für die Bestimmung des Inhalts der Sorgfaltspflicht des oHG-Geschäftsleiters das Auftragsrecht des BGB (§§ 713, 664-670 BGB) heran.[39] Das führt im vorliegenden Zusammenhang aber nicht weiter, weil es um die Compliance-Pflicht mit Bezug auf das Verhalten der Mitarbeiter der Gesellschaft geht, die aus Sicht des Geschäftsleiters in seinem Verhältnis zur Gesellschaft bzw. zu seinen Mitgesellschaftern keine Erfüllungs- oder Verrichtungsgehilfen sind.[40] Auch diese Überlegungen sprechen dafür, die Compliance-Pflicht aus dem Gedanken einer allgemeinen verbandsrechtlichen Leitungssorgfaltspflicht abzuleiten. Indessen bleibt es ein besonderes Desiderat, die Compliance-Pflicht der Geschäftsleitung für die Verbandsformen außerhalb des Kapitalgesellschaftsrechts dem Grunde und dem Umfang nach zu konturieren und an die Spezifika der Rechts- und Unternehmensform anzupassen. So steht die Diskussion um Compliance etwa in der Stiftung, der Genossenschaft und im Verein noch ganz am Anfang.

---

36 Etwa bei RAWERT, P., in: Münchener Kommentar zum HGB, § 114 HGB, Rn. 42 ff., 56.

37 Zitiert nach SCHÄFER, C., in: Staub HGB, § 114 HGB, Rn. 55.

38 Ähnlich die Warnung von FLEISCHER, H., in: Münchener Kommentar zum GmbHG, § 43 GmbHG, Rn. 145.

39 Vgl. MAYEN, B., in: Handelsgesetzbuch, § 114 HGB, Rn. 33; ähnlich wohl HAAS, U., in: Handelsgesetzbuch – Kommentar, § 114 HGB, Rn. 22 f.

40 Vgl. WIEDEMANN, H., Gesellschaftsrecht, Band II, § 4 II 4 b) aa), S. 342.

Aber auch in der Praxis in der mittelständischen GmbH ist festzustellen, dass Compliance-Maßnahmen nur recht vereinzelt umgesetzt werden, etwa durch die einmalige Einführung eines Verhaltens-Kodexes, einer IT- oder einer Datenschutz-Richtlinie. Solche einmaligen Maßnahmen sind nicht selten mit der Vorstellung verknüpft, damit wäre im Hinblick auf Compliance alles Erforderliche getan. Die Bereitschaft, das Unternehmen auf compliance- und haftungsrelevante Geschäftsprozesse prüfen zu lassen, um sodann auf der Grundlage einer Analyse die notwendigen Schritte umzusetzen, ist nur vereinzelt festzustellen.[41]

4 Umfang und Intensität der Compliance-Pflicht

41 Maßgebliche Parameter

So richtig es auch ist, dass allgemein verbindliche Leitlinien zur Ausgestaltung der Compliance und insb. ihrer Organisation angesichts der Vielgestaltigkeit und der Komplexität der Aufgabe in ganz unterschiedlichen Unternehmen und Unternehmensträgern naturgemäß kaum möglich sind, so klar ist aber im Laufe der bisherigen Diskussion geworden, dass sich durch alle Unternehmen und Gesellschaftsformen hindurch bestimmte Parameter nennen lassen, die für die Bestimmung der Compliance-Pflicht im konkreten Einzelfall von Bedeutung sein können. Dabei ist, wie bereits dargelegt, von der Frage nach der grundsätzlichen Geltung der Compliance-Pflicht die Frage nach Umfang und Intensität der Compliance-Pflicht und insb. nach der Pflicht zur Errichtung einer besonderen Compliance-Organisation (Compliance Management System) zu trennen. Diese Differenzierung ist besonders für mittelständische Unternehmen von erheblicher Bedeutung, denn sie gestattet eine Flexibilisierung der Anforderungen, ohne die Compliance gerade in kleineren Unternehmen kaum effektiv möglich sein wird.

411. Wahrscheinlichkeit einer Normverletzung

Als allgemeiner Parameter lässt sich zunächst die Wahrscheinlichkeit nennen, mit der es im konkreten Unternehmen zu Normverstößen kommen kann. Je größer diese Wahrscheinlichkeit ist, desto größer hat der Aufwand zu sein, mit dem Compliance betrieben wird. Bei der Einschätzung dieser Wahrscheinlichkeit wird man der Geschäftsleitung ein gewisses Ermessen zubilligen (zum Er-

---

41   So CAMPOS NAVE, J., Anspruch und unternehmerische Realität im Mittelstand: Auswirkungen des Urteils des LG München I vom 10.12.2013.

messen unten näher), wobei es allerdings darauf ankommt, dass die wesentlichen Informationen, die für diese Prognose erheblich sind, tatsächlich eingeholt und auch berücksichtigt worden sind.

412. Branche

Ein wesentlicher inhaltlicher Parameter ist zunächst die *Branche*, in der das Unternehmen tätig ist.[42] So ist etwa die Wahrscheinlichkeit, dass in der Rüstungsindustrie bei Transaktionen mit ausländischen Geschäftspartnern Bestechungsgelder gezahlt werden, deutlich höher als in anderen Branchen, wie zahlreiche Fälle aus der jüngeren Vergangenheit belegen, genannt seien nur der Fall *Ferrostaal*[43] und der Fall *Krauss-Maffei Wegmann*.[44] Und auch sonst sind Branchen, in denen Geschäfte typischerweise im Rahmen öffentlicher Auftragsvergabe geschlossen werden, wie namentlich die Bauindustrie, erfahrungsgemäß besonders anfällig für Straftaten aus dem Bereich der Bestechung und der Untreue.[45] In diesen Branchen sind die Anforderungen an effektive Compliance gesteigert. Ferner kann sich in Branchen, in denen Spekulationsgeschäfte zum unternehmerischen Betätigungsfeld gehören, eine gesteigerte Compliance-Pflicht ergeben, etwa dort, wo Devisentermingeschäfte zur Absicherung gegen Währungsschwankungen im Auslandsgeschäft abgeschlossen werden.[46] Ganz allgemein wird der Risikograd des betriebenen Geschäfts Einfluss auf Umfang und Intensität der Compliance-Pflicht haben.[47]

---

42 Das LG München I spricht im Siemens/Neubürger-Urteil von der „Art des Unternehmens", vgl. LG MÜNCHEN I, Urteil vom 10.12.2013 – 5 HK O 1387/10, S. 346 f.

43 Siehe FRANKFURTER RUNDSCHAU (Hrsg.), Schmiergeldaffäre – Ferrostaal muss 140 Millionen Euro zahlen, http://www.fr-online.de/wirtschaft/schmiergeldaffaere-ferrostaal-muss-140-millionen-euro-zahlen,1472780,11334614.html, sowie DER SPIEGEL (Hrsg.), Deutscher U-Boot-Deal: Griechischer Ex-Minister wegen Korruptionsverdacht in Haft, http://www.spiegel.de/politik/ausland/deutscher-u-boot-deal-belastet-griechischen-ex-minister-tsochatzopoulos-a-826870.html.

44 Dazu auch SÜDDEUTSCHE ZEITUNG (Hrsg.), Rüstungskonzern Krauss-Maffei Wegmann – SPD-Politiker kassierten bei Panzerdeal, http://www.sueddeutsche.de/politik/ruestungskonzern-krauss-maffei-wegmann-spd-politiker-kassierten-bei-panzerdeal-1.1968304; SÜDDEUTSCHE ZEITUNG (Hrsg.), Ermittlungen in Athen – Griechischer Ex-Spitzenbeamter gesteht Schmiergeld-Deal um deutsche Panzer, http://www.sueddeutsche.de/politik/ermittlungen-in-athen-griechischer-ex-politiker-gesteht-schmiergeld-deal-um-deutsche-panzer-1.1852195.

45 Speziell zur Compliance im Bauwesen GREEVE, G./VON GRIEßENBECK, A., in: Corporate Compliance, § 41.

46 SCHNEIDER, U., in: Kommentar zum GmbHG, § 43 GmbHG, Rn. 99.

413. Größe und Organisationsstruktur des Unternehmens

Unzweifelhaft sind Größe und Organisationstruktur wichtige Parameter für die Compliance-Pflicht.[48] Dabei wird sich der Parameter „Größe" definieren lassen über den Geschäftsumfang und die Mitarbeiterzahl.[49] Orientierung gibt etwa § 267 HGB, der Größenklassen für das Bilanzrecht festlegt. Es liegt zunächst auf der Hand, dass in der kleinen, unverbundenen[50] Gesellschaft mit wenigen Mitarbeitern, einem überschaubaren Geschäft und einer „flachen" Hierarchie, in der ein einziger Geschäftsleiter alle Fäden in der Hand hält und einen guten Überblick über das gesamte unternehmerische Geschäft hat, geringe Anforderungen an die Compliance zu stellen sind.

Beim Parameter Größe und Organisationsstruktur ist allerdings Vorsicht geboten. Denn es besteht die Gefahr, geringe Größe und einfache Organisationsstruktur als Freibrief für nachlässige Compliance misszuverstehen. So wird es nach unten Grenzen geben. Ein gewisses Mindestmaß an Aufwand – in zeitlicher wie organisatorischer und personeller Hinsicht – wird zu verlangen sein. Selbst bei kleinen, gut überschaubaren Unternehmen mit geringer Gefahr der Normverletzung wird man zwar keine institutionalisierte Compliance-Struktur verlangen, aber doch etwa eine klare Zuständigkeitszuweisung, eine kritische Grundhaltung sowie gelegentliche Stichproben.

An dieser Stelle ist auf ein grundlegendes Problem einzugehen. Die Compliance-Pflicht ist im deutschen Gesellschaftsrecht von der Aktiengesellschaft her gedacht und konzipiert. Das erklärt, warum die Diskussion um die Compliance-Pflicht mit der Frage einer Compliance-Organisationspflicht verschwimmt, obgleich beides grundsätzlich zu unterscheiden ist. Jedenfalls bei der größeren und

---

47 BACHMANN, G., Compliance – Rechtsgrundlagen und offene Fragen, S. 65, 68, 100; ZÖLLNER, W./NOACK, U., in: GmbHG, § 43 GmbHG, Rn. 17; KIETHE, K., Vermeidung der Haftung von geschäftsführenden Organen durch Corporate Compliance, S. 397.

48 Siehe wiederum LG MÜNCHEN I, Urteil vom 10.12.2013 – 5 HK O 1387/10, S. 346 f.

49 So etwa KORT, M., Compliance-Pflichten und Haftung von GmbH-Geschäftsführern, S. 569.

50 Zum Konzern unten näher.

insb. bei der börsennotierten AG wird regelmäßig eine Dimension erreicht, in der eine institutionalisierte Compliance-Organisation unverzichtbar sein wird, um die Compliance-Pflicht zu erfüllen. Das sieht bei der mittelgroßen GmbH, bei der Personenhandelsgesellschaft und bei den weiteren Rechtsträgerformen anders aus.[51] Hinzu kommt die dualistische Struktur der Aktiengesellschaft. Während die eigentliche Compliance-Pflicht den Vorstand trifft, hat der Aufsichtsrat zu überwachen, ob der Vorstand diese Pflicht erfüllt. Der Aufsichtsrat hat folglich zu kontrollieren, ob ein Compliance-System eingerichtet wurde und ob dieses funktionsfähig ist. Die Aufgabenverteilung auf zwei Organe fehlt in der monistischen GmbH und auch in den anderen, grundsätzlich monistisch verfassten mittelständischen Unternehmensträgerformen. Das damit verbundene Defizit muss ggf. durch besonders sorgfältige Erfüllung der Compliance-Pflicht durch die Geschäftsleitung (Vier-Augen-Prinzip) kompensiert werden.

Ein Weiteres ist zu beachten: Das Risiko der Aufdeckung von Normverstößen und der haftungsmäßigen Inanspruchnahme ist in der monistischen Gesellschaft ohne Compliance-Ausschuss oder ganz ohne Aufsichtsrat geringer. Das gilt besonders für den Allein-Gesellschafter-Geschäftsführer in der GmbH, der keinem Risiko der Inanspruchnahme durch die Gesellschafterversammlung ausgesetzt ist.[52] Zwar trifft im Fall der Insolvenz der Gesellschaft den Insolvenzverwalter die Pflicht zur Durchsetzung der Geschäftsleiterhaftung. Allerdings besteht die Gefahr, dass diese Sanktion nicht hinreichend abschreckend wirkt.

414. Geografische Präsenz

Sodann kommt es auch auf die geografische Präsenz des Unternehmens an.[53] Bestehen geschäftliche Verbindungen zu Ländern, in denen Korruption an der Tagesordnung ist, oder bilden solche Länder sogar den Hauptmarkt des Unternehmens, sind strenge Anforderungen zu beachten. Dies war etwa im Siemens/Neubürger-Fall mit Nigeria so und in den bereits zitierten Fällen Ferrostaal sowie Krauss-Maffei Wegmann mit Griechenland. Ebenfalls gesteigerte Anforde-

---

51 Speziell auf den Unterschied zwischen AG und GmbH in diesem Zusammenhang verweist GOETTE, W., Aufarbeitung von Compliance-Verstößen: Zusammenarbeit von Vorstand und Aufsichtsrat, S. 49.

52 Vgl. BECKMANN, M., Haftung für mangelhafte Compliance-Organisationen, R113 f.

53 Auch dazu LG MÜNCHEN I, Urteil vom 10.12.2013 – 5 HK O 1387/10, S. 346 f.

rungen gelten, wenn das Unternehmen weltweit in einer Vielzahl von Ländern tätig ist, denn allein die große Zahl unterschiedlicher Rechtsordnungen erhöht das Risiko von Gesetzesverletzungen.

415. Verstöße oder Verdachtsfälle in der Vergangenheit

Ein bedeutsamer Parameter ist schließlich, ob es in der Vergangenheit bereits – u. U. wiederholt – zu Verstößen oder doch zu Verdachtsfällen gekommen ist, wie das wiederum insb. im Siemens/Neubürger-Fall war.[54] Festgestellte Regelverstöße oder Verdachtsfälle im eigenen Unternehmen geben grundsätzlich Anlass für eine Überprüfung, ob die bisherige Compliance-Praxis unzureichend ist. Anlass für intensivierte Compliance-Anstrengungen kann ggf. auch ein früherer Verstoß oder Verdachtsfall in Unternehmen derselben Branche sein. Daraus folgt in der Regel eine Pflicht zur Überprüfung der Effizienz des bestehenden Compliance-Systems und ggf. eine Optimierung der bisherigen Praxis, etwa dadurch, dass das bisherige System in eine feste Compliance-Organisation nach aktienrechtlichem Vorbild überführt wird. Dass der vorgefallene Verstoß oder der Verdacht von der Geschäftsleitung aufgeklärt werden muss, sollte sich von selbst verstehen.[55]

42 Compliance-Pflicht in beaufsichtigten Branchen

Ein eigener Parameter, den der Gesetzgeber selbst bereits zum Anknüpfungspunkt für spezifische inhaltliche Anforderungen an die Compliance-Pflicht gemacht hat, ist die behördliche Beaufsichtigung des Unternehmens. Für die unter Aufsicht der Bundesanstalt für Finanzdienstleistungsaufsicht (BaFin) stehenden Unternehmen der Kredit-, der Versicherungs- und der Wertpapierhandels- bzw. Kapitalanlagebranche gelten gesteigerte Anforderungen. Es handelt sich um äußerst detaillierte gesetzliche Vorgaben für die Compliance-Pflicht. Genannt seien hier nur § 25a KWG, § 64a VAG, § 33 WpHG und § 28 KAGB[56] und die dazu ergänzend ergangenen aufsichtsbehördlichen Richtlinien in Gestalt der bankaufsichtsrechtlichen MaRisk (BA),[57] der versicherungsaufsichtsrechtlichen MaRisk (VA)[58] und der MaComp.[59] Allerdings ist zu beachten, dass in den be-

---

54 Vgl. LG MÜNCHEN I, Urteil vom 10.12.2013 – 5 HK O 1387/10, S. 346 f.

55 Näher FLEISCHER, H., in: Münchener Kommentar zum GmbHG, § 43 GmbHG, Rn. 145.

aufsichtigten Branchen teilweise strenge Vorgaben und Beschränkungen für die Rechtsform von Unternehmensträgern gelten. So kann etwa die GmbH nicht Träger eines Versicherungsunternehmens und auch im Wertpapierhandelssektor nur beschränkt tätig sein.[60]

Offen ist bislang, ob und inwieweit diese branchenspezifischen Anforderungen auf andere Branchen übertragen oder darüber hinaus verallgemeinert werden können.[61]

Dafür könnte sprechen, dass solche bereichsspezifischen Regelungen zur Compliance eine „Schrittmacherfunktion" entfalten können.[62] Allerdings dürfte eine solche „Ausstrahlung"[63] allenfalls für das allgemeine Aktienrecht und auch dort sicher nur punktuell in Betracht kommen.[64] Gegen eine Verallgemeinerung spricht aber Folgendes: Die genannten bank-, versicherungs- und wertpapier-

---

56 Näher etwa SPINDLER, G., in: Münchener Kommentar zum AktG, § 91 AktG, Rn. 54-60; speziell zur GmbH KORT, M., Compliance-Pflichten und Haftung von GmbH-Geschäftsführern, S. 569; siehe auch den IDW Prüfstandard 521, der speziell für Wertpapierdienstleistungsunternehmen die Vorgaben zur Einrichtung und Unterhaltung einer unabhängigen und dauerhaften Compliance-Funktion vorsieht.

57 Vgl. BAFIN (Hrsg.), Rundschreiben 10/2012 (BA) – Mindestanforderungen an das Risikomanagement – MaRisk, http://www.bafin.de/SharedDocs/Veroeffentlichungen/DE/Rundschreiben/rs_1210_marisk_ba.html.

58 Vgl. BAFIN (Hrsg.), Rundschreiben 3/2009 (VA) – Aufsichtsrechtliche Mindestanforderungen an das Risikomanagement (MaRisk VA), http://www.bafin.de/SharedDocs/Veroeffentlichungen/DE/Rundschreiben/rs_0903_va_marisk.html.

59 Vgl. BAFIN (Hrsg.), Rundschreiben 4/2010 (WA) – MaComp, http://www.bafin.de/SharedDocs/Veroeffentlichungen/DE/Rundschreiben/rs_1004_wa_macomp.html?nn=2819248.

60 Vgl. FASTRICH, L., in: GmbHG, § 1 GmbHG, Rn. 14.

61 Dazu etwa KORT, M., Die Regelung von Risikomanagement und Compliance im neuen KAGB, S. 582; ZETSCHE, D., Das Gesellschaftsrecht des Kapitalanlagegesetzbuchs, S. 613.

62 So FLEISCHER, H., in: Kommentar zum AktG, § 91 AktG, Rn. 52; der Begriff wird allerdings bereits von PREUßNER, J., verwendet, vgl. PREUßNER, J., Risikomanagement im Schnittpunkt von Bankaufsichtsrecht und Gesellschaftsrecht, S. 57 verwendet.

63 Vgl. HOPT, K., Die Verantwortlichkeit von Vorstand und Aufsichtsrat: Grundsatz und Praxisprobleme, S. 1804 spricht von „spilling over".

64 Zu Recht zurückhaltend LANGENBUCHER, K., Bausteine eines Bankgesellschaftsrechts, S. 666 f.

handelsrechtlichen Sonderbestimmungen finden ihre Rechtfertigung in der besonderen Interessen- und Gefahrenlage, die außerhalb der beaufsichtigten Branchen nicht gegeben ist, namentlich in der besonderen Schutzbedürftigkeit der Einleger, der Versicherungsnehmer und der Kapitalanleger. Die zitierten Bestimmungen des KWG, des VAG, des WpHG sowie des KAGB stellen insoweit einen „Systembruch" dar, weil verbandsrechtliche Organisationsregeln mit aufsichtsrechtlichen Instrumenten kombiniert werden. Für eine solche aufsichtsrechtliche „Aufladung" des Verbandsrechts allgemein besteht kein Bedürfnis.[65]

43   Compliance-Pflicht im Konzern

Besondere Bedeutung erlangt für die Frage nach der Compliance-Pflicht im Mittelstand die Konzernsituation, stellen doch die GmbH-Konzerne neben den Aktienkonzernen die bedeutsamste Gruppe der Konzerne dar.[66]

Ausgangspunkt ist die heute allgemein anerkannte Pflicht des Vorstands der Konzernobergesellschaft, nicht nur in der Obergesellschaft, sondern auch konzernweit die Einhaltung von Recht und Gesetz zu überwachen.[67] Anders als im unverbundenen Einzelunternehmen wird aber die Organisation des Unternehmensverbunds auch im mittelständischen Bereich regelmäßig einen Komplexitätsgrad erreichen, der eine Compliance-Organisation ähnlich den aktienrechtli-

---

65   Näher zu dieser Problematik BINDER, J., Organisationspflichten und das Finanzdienstleistungs-Unternehmensrecht.

66   Exakte Zahlen fehlen, zumal es sich häufig um faktische Konzerne handelt, die erst dann in Erscheinung treten, wenn etwa im Rahmen von Auseinandersetzungen Haftungsansprüche zu klären sind. Ältere Schätzungen gehen aber davon aus, dass etwa die Hälfte aller GmbHs in irgendeiner Form „gruppenverbunden" sind, EMMERICH, V., in: Kommentar zum GmbHG, Anhang § 13, Rn. 3 unter Verweis auf MONOPOLKOMMISSION (Hrsg.), 7. Hauptgutachten der Monopolkommission 1986/87, dipbt.bundestag.de/doc/btd/11/026/1102677.pdf, Rn. 858.

67   Vgl. BÜRKLE, J., Corporate Compliance als Standard guter Unternehmensführung des Deutschen Corporate Governance Kodex, S. 1799; IMMENGA, U., Compliance als Rechtspflicht nach Aktienrecht und Sarbanes-Oxley Act, S. 204; LÖSLER, T., Das moderne Verstndnis von Compliance im Finanzmarktrecht, S. 105 ff.; SCHNEIDER, U./SCHNEIDER, S., Konzern-Compliance als Aufgabe der Konzernleitung, S. 2064; LUTTER, M., Konzernphilosophie vs. konzernweite Compliance und konzernweites Risikomanagement, S. 291; VERSE, D., Compliance im Konzern – Zur Legalitätskontrollpflicht der Geschäftsleiter einer Konzernobergesellschaft, S. 404; FLEISCHER, H., in: Münchener Kommentar zum GmbHG, § 43 GmbHG, Rn. 59; monografisch HUBER, N., Die Reichweite konzernbezogener Compliance-Pflichten des Mutter-Vorstands des AG-Konzerns.

chen Anforderungen unverzichtbar macht. Dies wird in der Regel erfordern, dass einheitliche Compliance-Vorgaben (Richtlinien) für den Konzern erlassen und kommuniziert werden und dass deren Einhaltung laufend überwacht wird. In der Ausgestaltung der Compliance-Struktur steht der Geschäftsleitung der Obergesellschaft Ermessen zu. Eher als im Aktienkonzern kann es im GmbH-Konzern genügen, anstelle einer Compliance-Abteilung auf der Konzernebene Compliance-Strukturen auf der Ebene der Einzelgesellschaften zu schaffen, die auf Konzernebene strukturiert miteinander kooperieren. Wichtig ist aber, dass auch im letzteren Fall der Informationsfluss in beide Richtungen (Einzel- zu Obergesellschaft und umgekehrt) gewährleistet ist.[68] Ob ein Konzern-Compliance-Beauftragter eingesetzt wird, steht prinzipiell im Ermessen der Geschäftsführung der Obergesellschaft, dürfte aber im Normalfall den Standards entsprechen.

Im Übrigen wird man hinsichtlich der Durchsetzung von Compliance-Maßnahmen im Konzern differenzieren müssen: Im vertragslosen (faktischen) Konzern liegt mangels Weisungsrechts der Obergesellschaft die Compliance-Aufgabe vor allem bei der beherrschten Gesellschaft. Die Aufgabe der Obergesellschaft besteht hier vor allem im Aufbau eines Informationssystems, in der Vorgabe konzernweiter Leitlinien und in der Überwachung, ferner und speziell bei GmbH-Töchtern in der Einwirkung auf die Geschäftsleitung über die Gesellschafterversammlung.[69] Hingegen wird im Vertrags- oder Eingliederungskonzern die Durchsetzung durch die Weisungsrechte der §§ 308, 323 AktG, die außerhalb des Aktienkonzerns und insb. im GmbH-Konzern sinngemäß Anwendung finden, erleichtert.[70]

5 Compliance-Pflicht und Entscheidungsermessen

Hinsichtlich des Entscheidungsermessens kann für die Träger mittelständischer Unternehmen im Wesentlichen auf jene Grundsätze zurückgegriffen werden, die bereits aus dem Aktienrecht bekannt sind.[71] Dabei ist zunächst zwischen der

---

68 Vgl. FLEISCHER, H., Corporate Compliance im aktienrechtlichen Unternehmensverbund, S. 6 f.

69 Vgl. KORT, M., Compliance-Pflichten und Haftung von GmbH-Geschäftsführern, S. 572.

70 Näher HÜFFER, U., in: Aktiengesetz, § 76 AktG, Rn. 9d.

Compliance selbst, also der Befolgung von Normen, und der Erfüllung der Compliance-Pflicht der Geschäftsleitung zu unterscheiden. Bei der Befolgung von Normen scheidet Ermessen aus, sofern es sich nicht ausnahmsweise um bloße Empfehlungen oder Anregungen handelt.[72] Recht und Gesetz sind ohne jeden Spielraum zu erfüllen.[73] Auch bei der Aufklärung von Verdachtsfällen und der Ahndung festgestellter Normverstöße steht der Geschäftsleitung kein Ermessen zu.[74]

Hingegen ist bei der Erfüllung der Compliance-Pflicht seitens der Geschäftsführung zu differenzieren: Dass die Compliance-Pflicht erfüllt wird, steht ebenfalls nicht im Ermessen der Geschäftsleitung. Ein „Entschließungsermessen" steht ihr nicht zu.[75] Anerkannt ist demgegenüber, dass der Geschäftsleitung bei der konkreten Ausgestaltung der Compliance Ermessen zusteht.[76] Verfehlt ist es daher, ohne Rücksicht auf die konkrete Situation des Unternehmens und insb. die vorgenannten Parameter bestimmte Organisationsanforderungen wie etwa die Berufung eines Compliance-Beauftragten oder die Aufstellung und Kommunikation von unternehmenseigenen Compliance-Standards zu fordern.[77] Vielmehr haben die zuvor genannten Parameter auch auf der Ebene der Ausgestaltung Ein-

---

71 Speziell für die GmbH etwa KORT, M., Compliance-Pflichten und Haftung von GmbH-Geschäftsführern, S. 572; für die Personenhandelsgesellschaften SCHÄFER, C., in: Staub HGB, § 114 HGB, Rn. 55.

72 Bedeutsam ist das etwa beim DCGK, der zum erheblichen Teil geltendes, zwingendes (siehe § 21 Abs. 5 AktG) Aktienrecht wiederholt, nämlich überall dort, wo es „muss" oder „hat" heißt. Insoweit dient der DCGK nur der Information insbesondere ausländischer Anleger über das deutsche Corporate Governance-System. Darüber hinaus enthält er aber auch Empfehlungen, nämlich dort, wo er ein „soll" verwendet. Und schließlich enthält er Anregungen, nämlich soweit es „sollte" heißt; dazu VON DER LINDEN, K., in: Deutscher Corporate Governance Kodex – Kommentar, Präambel, Rn. 38 f.; SCHILLER, M., Der Deutsche Corporate Governance Kodex, S. 22 f.

73 Vgl. KIETHE, K., Vermeidung der Haftung von geschäftsführenden Organen durch Corporate Compliance, S. 395; KORT, M., Compliance-Pflichten und Haftung von GmbH-Geschäftsführern, S. 573.

74 Vgl. FLEISCHER, H., Aktienrechtliche Compliance-Pflichten im Praxistest: Das Siemens/Neubürger-Urteil des LG München I, S. 324.

75 Vgl. KORT, M., Compliance-Pflichten und Haftung von GmbH-Geschäftsführern, S. 573.

76 Vgl. ZÖLLNER, W./NOACK, U., in: GmbHG, § 43 GmbHG, Rn. 17 m. w. N.

77 Ebenso ZÖLLNER, W./NOACK, U., in: GmbHG, § 43 GmbHG, Rn. 17; anders SCHNEIDER, U., Compliance als Aufgabe der Unternehmensleitung , S. 649 f.; SCHNEIDER, U., in: Kommentar zum GmbHG, § 43 GmbHG, Rn. 361.

fluss auf den Umfang des Ermessensspielraums. Je größer und komplexer die Gesellschaft ist, desto geringer fällt der Ermessensspielraum aus. In der Kredit-, der Versicherungs- und der Wertpapierhandelsbranche ist der Ermessensspielraum entsprechend gering. Ansonsten ist der Verhältnismäßigkeitsgrundsatz maßgeblich. Danach sind nur solche Maßnahmen zu verlangen, die erforderlich, geeignet und angemessen sind. Es gelten die Grundsätze unternehmerischen Entscheidens (Business Judgement Rule, § 93 Abs. 1 S. 2 AktG analog).[78] So kann es sich für die große GmbH empfehlen, nach dem Vorbild der AG innerhalb der Geschäftsführung einen Compliance-Ausschuss zu bilden, wobei dann wiederum für die Größe und die Zusammensetzung eines solchen Ausschusses breites Ermessen besteht, während dies für die mittelgroße oder kleinere Personengesellschaft kaum in Betracht komme dürfte.[79] Eine weitausgreifende Totalüberwachung oder die Verfolgung jeder auch noch so vagen anonymen Verdächtigung wird vielfach unverhältnismäßig sein und ohne konkreten Anlass in aller Regel nicht verlangt werden können. Im Übrigen ist das Entscheidungsermessen die vielleicht bedeutsamste Stellschraube, um das kleine oder mittelgroße Unternehmen vor überzogenen Anforderungen an die Erfüllung der Compliance-Pflicht zu bewahren.

6 Gesamtverantwortung und Delegierbarkeit

Grundsätzlich trifft die Compliance-Pflicht die Geschäftsleitung als Gesamtorgan. Das folgt aus ihrer dogmatischen Einordung als Leitungssorgfaltspflicht. Dies bedeutet zunächst, dass sich die Geschäftsleiter dieser Pflicht im Wege der Delegation auf einzelne Mitglieder einer mehrköpfigen Geschäftsleitung oder auf andere in der Gesellschaft nicht vollständig entledigen können.[80] Die Geschäftsleitung selbst muss alle wesentlichen Grundentscheidungen über die Einrichtung des Compliance-Systems und seine Ausgestaltung selbst treffen und sich laufend davon überzeugen, dass das Compliance-System effektiv funktioniert.[81]

---

78 Vgl. KLEINDIEK, D., in: GmbH-Gesetz Kommentar, § 43 GmbHG, Rn. 23 ff.; ZÖLLNER, W./NOACK, U., in: GmbHG, § 43 GmbHG, Rn. 22; KIETHE, K., Vermeidung der Haftung von geschäftsführenden Organen durch Corporate Compliance, S. 395; FLEISCHER, H., in: Münchener Kommentar zum GmbHG, § 43 GmbHG, Rn. 147.

79 Vgl. KORT, M., Compliance-Pflichten und Haftung von GmbH-Geschäftsführern, S. 569.

80 Vgl. SPINDLER, G., Compliance in der multinationalen Bankengruppe, S. 908.

Davon zu trennen ist die Frage, ob und in welchem Umfang die Gesamtge-schäftsleitung eines ihrer Mitglieder oder aber einen nachgeordneten Mitarbeiter mit der Erfüllung einzelner Compliance-Aufgaben betrauen kann. Eine solche Delegation an ein einzelnes Mitglied innerhalb der Gesamtgeschäftsleitung, die aus Gründen der Klarheit und Sicherheit durch förmlichen Beschluss des Ge-samtorgans erfolgen sollte,[82] erfordert zunächst eine sorgfältige Auswahl der be-treffenden Person(en), wobei es einerseits um fachliche Qualifikation und zum anderen um Integrität geht. Sodann sollte eine eindeutige Regelung getroffen werden, wer welche Zuständigkeit haben soll und wer die Hauptverantwortung zu tragen hat.[83] Darüber hinaus muss diejenige Person, der diese Hauptverant-wortung übertragen wird, hinreichende Befugnisse erhalten, bei Verstößen Kon-sequenzen zu ziehen. Dazu gehört, dass sie gegenüber allen Teilen des Unterneh-mens und allen Mitarbeitern ein Weisungsrecht hat, Normverletzungen zu un-terlassen oder abzustellen.

Allerdings ist hier zu beachten, dass diese für die Aktiengesellschaft entwickelte Anforderung auf praktische Probleme stoßen kann, soweit in den anderen Un-ternehmensträgerformen abweichende Kompetenzgrundsätze gelten. So ist be-kanntlich in der GmbH – grundlegend anders als bei der Aktiengesellschaft – die Gesellschafterversammlung gegenüber der Geschäftsführung weisungsbe-fugt. Die Gesellschafter haben das Recht, die Unternehmenspolitik zu bestim-men. Daraus folgt, dass sie befugt sind, die Compliance, sei es durch die Satzung oder durch Beschluss, an sich zu ziehen. Unklar ist, was daraus für die Ge-schäftsführung folgt. Einerseits fehlt ihr in diesem Fall die Zuständigkeit für den Bereich Compliance, und es erscheint konsequent, dass dann eine Compliance-Pflicht allein die Gesellschafter trifft. Allerdings darf auch in diesem Fall die Ge-schäftsleitung eine Normverletzung nicht einfach hinnehmen. Vielmehr hat sie im Rahmen der ihr verbleibenden Möglichkeiten auf die Verletzung hinzuwei-sen und auf die Ahndung hinzuwirken. Andererseits wird sich die Gesellschaf-

---

81 Vgl. MERTENS, H./CAHN, A., in: Kölner Kommentar zum AktG, § 91 AktG, Rn. 36; BÜRKLE, J., in: Corporate Compliance, § 8, Rn. 12.

82 Vgl. HAUSCHKA, C., in: Corporate Compliance, § 1, Rn. 30.

83 Vgl. LG MÜNCHEN I, Urteil vom 10.12.2013 – 5 HK O 1387/10, S. 346 f.

terversammlung in aller Regel der Geschäftsführung bedienen, um die von der Gesellschafterversammlung beschlossenen Maßnahmen umzusetzen. Insoweit würde die Geschäftsführung doch wieder eine Ausführungspflicht treffen.[84]

Gleichwohl bleibt es auch bei einer wirksamen Übertragung einzelner Compliance-Aufgaben an eine Einzelperson dabei, dass die Gesamtgeschäftsleitung die Letztverantwortung trägt. Jedes einzelne Mitglied der Geschäftsleitung muss die Erfüllung der dem Einzelnen übertragenen Pflicht ungeachtet bestehender Ressortgrenzen laufend überwachen und äußerstenfalls intervenieren.[85] Das gilt in gesteigertem Maße, wenn es, wie im Fall Siemens/Neubürger, zu wiederholten Gesetzesverstößen kommt. Im Übrigen haben die Geschäftsleiter jederzeit das Recht, eine delegierte Compliance-Verantwortung wieder an sich zu ziehen. Das folgt daraus, dass es sich um eine genuine Leitungssorgfaltspflicht handelt.[86]

7 Einzelfragen der Haftung

71 Darlegungs- und Beweislast

Kommt es wegen behaupteter Verletzung der Compliance-Pflicht zum Haftungsprozess, stellt sich die Frage nach der Darlegungs- und Beweislast.

Auch hier muss differenziert werden. Zunächst geht es um die Verletzung der Compliance-Pflicht. Hier greift in Analogie zu § 93 Abs. 1 S. 2 AktG bei den sonstigen Unternehmensträgern eine Beweislastumkehr.[87] Es trifft den beklagten Geschäftsleiter die Last der Darlegung und des Beweises, dass er seine Pflicht nicht verletzt oder jedenfalls schuldlos gehandelt hat.

---

84 Dazu KORT, M., Compliance-Pflichten und Haftung von GmbH-Geschäftsführern, S. 566 f.

85 Vgl. BÜRKLE, J., in: Corporate Compliance, § 8, Rn. 13; BUNTING, N., Konzernweite Compliance – Pflicht oder Kür? S. 1542 f.; GOETTE, W., Organisationspflichten im Kapitalgesellschaftsrecht zwischen Rechtspflicht und Opportunität, S. 394.

86 Vgl. KORT, M., Compliance-Pflichten und Haftung von GmbH-Geschäftsführern, S. 566 f.

87 Zu Reformvorschlägen in Bezug auf § 93 I 2 AktG HOPT, K., Die Verantwortlichkeit von Vorstand und Aufsichtsrat: Grundsatz und Praxisprobleme, S. 1793; der Deutsche Juristentag 2014 in Hannover ist in seiner Abteilung Wirtschaftsrecht der Reform der Vorstandshaftung gewidmet, siehe dazu das Gutachten von BACHMANN, G., Reform der Organhaftung?.

Anders verhält es sich bei den weiteren Haftungsvoraussetzungen des Schadens und der Kausalität der Pflichtverletzung für den Schaden (sog. haftungsausfüllende Kausalität). Dass und in welcher Höhe ein Schaden eingetreten ist, hat entsprechend den allgemeinen Grundsätzen die klagende Gesellschaft darzulegen und zu beweisen. Dabei hilft ihr § 287 ZPO, der die Substantiierung des Schadens erleichtert. Erforderlich ist nach der Rechtsprechung lediglich, dass die Gesellschaft Tatsachen darlegt und beweist, die für eine Schätzung des Schadens durch das Gericht hinreichende Anhaltspunkte liefern.[88]

Beim Beweis der Kausalität, den wie gesagt ebenfalls die klagende Gesellschaft zu führen hat,[89] wird es in der Praxis oftmals nicht einfach sein, den hypothetischen Nachweis zu führen, dass ein ordnungsgemäßes Compliance-System eine konkrete Normverletzung mit hinreichender Wahrscheinlichkeit verhindert hätte.[90] Daher werden im Schrifttum unterschiedliche Vorschläge gemacht, der Gesellschaft diesen Nachweis zu erleichtern. Manche wollen in Analogie zur Pflichtverletzung die Beweislast auch für die Kausalität vollständig umkehren und dem Geschäftsleiter auferlegen, das Fehlen der Kausalität zu beweisen.[91] Andere befürworten eine Anwendung der Figur der sekundären Darlegungs- und Beweislast.[92] Wieder andere schlagen vor, einen Anscheinsbeweis zuzulassen.[93] Und schließlich wird erwogen, zwischen der gänzlich fehlenden oder ersichtlich unzulänglichen Compliance und der an sich funktionstüchtigen Compliance zu unterscheiden und dem Kläger für den erstgenannten Fall mit eine Darlegungs- und Beweiserleichterung für die hypothetische Kausalität entgegen zu kommen.[94] Gegen eine solche Differenzierung spricht aber, dass die Abgrenzung zwischen einer unzulänglichen und einer an sich funktionsfähigen

---

88 Vgl. BGH, Urteil vom 04.11.2002 – II ZR 224/00, S. 287.

89 Vgl. BGH, Urteil vom 04.11.2002 – II ZR 224/00, S. 287.

90 Vgl. RIEDER, M./HOLZMANN, D., Die Auswirkungen der Finanzkrise auf die Organhaftung, S. 270.

91 Vgl. MEIER-GREVE, D., Vorstandshaftung wegen mangelhafter Corporate Compliance, S. 2560.

92 Vgl. RIEDER, M./HOLZMANN, D., Die Auswirkungen der Finanzkrise auf die Organhaftung, S. 273.

93 Vgl. MERTENS, H./CAHN, A., in: Kölner Kommentar zum AktG, § 93 AktG, Rn. 142.

94 Vgl. FLEISCHER, H., Aktienrechtliche Compliance-Pflichten im Praxistest: Das Siemens/Neubürger- Urteil des LG München I, S. 328.

Compliance aus der Ex-post-Sicht des Gerichts sehr schwierig sein dürfte. Zudem würde über diesen Weg das Ermessen der Geschäftsleitung hinsichtlich der Ex-ante-Ausgestaltung der Compliance in unberechenbarer Weise eingeschränkt. Und schließlich ergibt sich ein logisches Problem, denn für den Nachweis, ob es sich um ein unzulängliches oder funktionstüchtiges System handelt, wovon am Ende abhängt, ob Beweiserleichterungen gelten, ist ja ebenfalls zu klären, ob Beweiserleichterungen gelten. Ungeachtet dieser literarischen Debatte hat das Landgericht München I im Siemens/Neubürger-Fall der klagenden Gesellschaft auch für die Kausalität eine Beweiserleichterung nach § 287 ZPO zugestanden.[95] Das erscheint gut vertretbar, denn es geht um die haftungsausfüllende Kausalität.

72 Rechtfertigungsgründe

Unter dem Gesichtspunkt der Rechtfertigungswirkung ist zunächst für alle Unternehmensträgerformen die Frage zu erörtern, inwieweit bei einem mehrköpfigen Geschäftsleitungsorgan der Widerstand der Mehrheit gegen notwendige Compliance-Maßnahmen die Verantwortlichkeit und die Haftung des Einzelnen berührt. Und speziell für die GmbH stellt sich ein vergleichbares Problem, soweit die Gesellschafter kraft ihrer Weisungsbefugnis Widerstand gegen eine Compliance-Maßnahme der Geschäftsleitung ausüben oder aber die Geschäftsleitung anweisen, Compliance-Maßnahmen zu unterlassen. Auch diese Frage wird vom LG München I im Siemens/Neubürger-Urteil behandelt. Zwar ist jeder einzelne Geschäftsleiter verpflichtet, an der Umsetzung von Beschlüssen des Geschäftsleitungsorgans mitzuwirken. Dogmatisch lässt sich diese Pflicht entweder auf die Leitungspflicht oder auf die Treuepflicht des Organmitglieds gegenüber der Gesellschaft stützen. Doch endet diese Verpflichtung dort, wo der Beschluss selbst gegen Recht und Gesetz verstößt.[96] Das ist aber dann der Fall, wenn der Organbeschluss gegen die Compliance-Pflicht verstößt, wenn also das Geschäftsführungsorgan zur Vornahme von Compliance-Maßnahmen verpflichtet wäre, von denen es absieht. Vermag also das einzelne Organmitglied mit seinen Vorstellungen betreffend Compliance-Maßnahmen nicht durchzudringen, dann ergibt sich daraus kein Rechtfertigungsgrund. Das Organmitglied darf nicht die „Hände in den Schoß legen", sondern muss sich an den Beirat oder direkt an die Gesellschafter wenden, um eine Korrektur zu erwirken (Interventi-

---

95 Vgl. LG MÜNCHEN I, Urteil vom 10.12.2013 – 5 HK O 1387/10, S. 345.
96 Vgl. LG MÜNCHEN I, Urteil vom 10.12.2013 – 5 HK O 1387/10, S. 345.

onspflicht).[97] Und falls die Geschäftsleitung etwa der GmbH mit ihren Compliance-Maßnahmen am Widerstand der Gesellschafter scheitert, kann sich die Interventionspflicht äußerstenfalls zur Pflicht verdichten, das Amt niederzulegen bzw. ggf. (Finanzmarkt-, Kartell-, Umwelt- usw.) Behörden bzw. die Staatsanwaltschaft einzuschalten.

Keine Rechtfertigung für Rechtsverstöße ist heutzutage sodann, dass ohne Schmiergeldzahlungen wirtschaftliche Erfolge auf korrupten Auslandsmärkten nicht mehr möglich seien.[98] Selbst wenn Konkurrenten mit Schmiergeldzahlungen unbeanstandet erfolgreich sind, rechtfertigt das keinen Gesetzesbruch. Das gilt auch für das jeweilige ausländische Recht, und zwar ganz unabhängig davon, ob die entsprechenden Bestimmungen über internationale Vorgaben etwa der OECD zum innerstaatlichen Recht gehören.[99] Denn in diesem Fall geht es nicht um die Anwendung ausländischen Rechts durch ein innerstaatliches Gericht oder eine innerstaatliche Behörde, sondern um die Beachtung dieser Vorschriften durch die Geschäftsleitung. Für die Geschäftsleitung aber wird das jeweilige ausländische Recht jedenfalls dann maßgeblich sein, wenn das Unternehmen im entsprechenden Land tätig ist.

Das führt zur Frage nach der Rechtfertigungswirkung einer sog. „nützlichen Pflichtverletzung", also der Verletzung von Geschäftsleiterpflichten, die im Ergebnis für das Unternehmen wirtschaftlich vorteilhaft ist. Die Frage stellt sich

---

97 Vgl. FLEISCHER, H., Aktienrechtliche Compliance-Pflichten im Praxistest: Das Siemens/Neubürger-Urteil des LG München I, S. 325.

98 So auch das LG MÜNCHEN I, Urteil vom 10.12.2013 – 5 HK O 1387/10, S. 346; bemerkenswert anders noch BGH, Urteil vom 08.05.1985 – IVa ZR 138/83, S. 272: „Von einem deutschen Unternehmen kann zwar nicht erwartet werden, dass er in den Ländern, in denen staatliche Aufträge nur durch Bestechung der zuständigen Staatsorgane zu erlangen sind, auf dieses Mittel völlig verzichtet und damit das Geschäft weniger gewissenhaften Konkurrenten überlässt. Er wird daher seinen Angestellten und Handelsvertretern, die bei der Bewerbung um solche Aufträge in ortsüblicher Weise mit Schmiergeldern arbeiten, nicht den Vorwurf einer Verletzung ihrer Dienst- oder Vertragspflichten machen können; er wird ihnen unter Umständen sogar die von ihnen verauslagten Schmiergelder [.?.?.] ersetzen müssen."

99 Das LG München I verweist hier auf das OECD-Übereinkommen über die Bekämpfung der Bestechung ausländischer Amtsträger im internationalen Geschäftsverkehr vom 17. Dezember 1997, das für Deutschland am 15. Februar 1999 in Kraft getreten ist, vgl. BMJ (Hrsg.), Gesetz zur Bekämpfung internationaler Bestechung - IntBestG.

insb. bei Kartell- oder Wettbewerbsverstößen oder bei der Zahlung von Beste-chungsgeldern für den Abschluss von Geschäften. Aus dem Vorangehenden folgt, dass Gesetze, auch solche ausländischer Gesetzgeber, von der Geschäftslei-tung zu achten sind und dass sie darüber hinaus für deren Beachtung durch alle Gliederungen des Unternehmens zu sorgen hat. Dabei spielt es keine Rolle, ob die Beachtung wirtschaftlich für das Unternehmen vor- oder nachteilhaft ist oder ob umgekehrt die Missachtung vorteilhaft ist. Denn die Einhaltung der Gesetze ist keine unternehmerische Entscheidung, bei der es auf die wirtschaftli-chen Folgen für das Unternehmen ankäme.[100]

73   Innen- oder Außenhaftung der Geschäftsleiter

Grundsätzlich löst die Verletzung der Sorgfaltspflicht eine Haftung des Ge-schäftsleiters gegenüber der Gesellschaft aus. Denn die Sorgfaltspflicht ent-springt der Stellung als Geschäftsleiter und damit als Organ der Gesellschaft. Diese Innenhaftung ist für die GmbH in § 43 GmbHG ausdrücklich geregelt. Allerdings können die Voraussetzungen der Geschäftsleiterinnenhaftung für ein-zelne Mitglieder der Geschäftsleitung unterschiedlich sein, wenn die Compli-ance-Aufgabe innerhalb einer mehrköpfigen Geschäftsleitung im Rahmen einer Geschäftsverteilung delegiert ist.[101] Das nach der Geschäftsverteilung zuständi-ge Mitglied treffen gesteigerte Pflichten, während die anderen Geschäftsleiter in-soweit lediglich Auswahl- und Überwachungsverantwortung und bei Auftreten von Verstößen die Pflicht zur effektiven Abstellung dieser Verstöße trifft.

Nur ausnahmsweise kommt es zur Außenhaftung der Geschäftsleitung gegenü-ber Dritten, etwa gegenüber Vertragspartnern oder gesetzlichen Gläubigern der Gesellschaft. Dabei dreht es sich in aller Regel um deliktische Ansprüche, denn der Geschäftsleiter selbst wird meist nicht Vertragspartei des Dritten sein. Typi-scherweise wird es bei Compliance-Verstößen um den Verstoß gegen ein Gesetz gehen. In solchen Fällen setzt die Haftung voraus, dass das verletzte Gesetz als Schutzgesetz i. S. v. § 823 Abs. 2 BGB zu qualifizieren ist. Nicht jeder Gesetzes-verstoß führt zur Delikthaftung, sondern nur die Verletzung eines Gesetzes,

---

100 Vgl. KORT, M., Compliance-Pflichten und Haftung von GmbH-Geschäftsführern, S. 566 f., 573.
101 Vgl. KORT, M., Compliance-Pflichten und Haftung von GmbH-Geschäftsführern, S. 566 f., 572.

dessen Zweck gerade der Schutz des Dritten (Geschädigten) ist. Ein bloßer Schutzreflex genügt hierfür nicht. Während die Verletzung der Pflicht, das Unternehmen so zu organisieren, dass keine Regelverstöße vorkommen, als solche nicht ohne weiteres zur Haftung führt, kann sie als Bestandteil der Pflicht, das Unternehmen in einer Weise zu organisieren, dass Dritte nicht geschädigt werden, nach der Rechtsprechung eine Außenhaftung der Geschäftsleiter begründen.[102] Mithin kann eine Verletzung der Compliance-Pflicht, die sich zugleich als Verletzung der allgemeinen Organisationspflicht darstellt, zu einer Außenhaftung des Geschäftsleiters gegenüber Dritten führen.[103]

8 Risikofrüherkennung

Auch die Risikofrüherkennung und allgemein das Risikomanagement in mittelständischen Unternehmen hat in den letzten Jahren wachsende Aufmerksamkeit erlangt.[104] Für die Aktiengesellschaft verlangt bekanntlich § 91 Abs. 2 AktG ausdrücklich, dass der Vorstand geeignete Maßnahmen trifft, insb. ein Überwachungssystem einrichtet, um bestandsgefährdende Entwicklungen früh zu erkennen. Für die Unternehmensträgerformen des Mittelstands und insb. wiederum für die GmbH fehlt es an vergleichbaren Vorschriften. Dem Gesetzgeber ist dies durchaus bewusst, denn er geht ausweislich der Gesetzesmaterialien davon aus, dass § 91 Abs. 2 AktG „auf andere Gesellschaftsformen" eine „Ausstrahlungswirkung" entfalte.[105] Zu der Frage, was unter dieser Ausstrahlungswirkung zu verstehen ist, wird ein breites Meinungsspektrum vertreten. Manche befürworten jedenfalls für die GmbH eine generelle Analogie zu § 91 Abs. 2 AktG und damit eine durchgängige Pflicht, ein Risikofrühwarnsystem einzurichten.[106] Andere wollen die Pflicht zur Einrichtung eines Risikofrüherkennungs-

---

102 Vgl. BGH, Urteil vom 05.12.1989 – VI ZR 335/88, 978.

103 Vgl. KORT, M., Compliance-Pflichten und Haftung von GmbH-Geschäftsführern, S. 566 f., 572.

104 Vgl. BECKER, B./JANKER, B./MÜLLER, S., Die Optimierung des Risikomanagements als Chance für den Mittelstand, S. 1578; BÖMELBURG, P. U. A., Risikomanagement im Mittelstand – Eine aktuelle Bestandsaufnahme, S. 1161; KORT, M., Compliance-Pflichten und Haftung von GmbH-Geschäftsführern, S. 566; FLEISCHER, H., in: Münchener Kommentar zum GmbHG, § 43 GmbHG, Rn. 61.

105 BMJ (Hrsg.), BT-Drucksache 13/9712, S. 15; DRYGALA, T./ DRYGALA, A., Wer braucht ein Frühwarnsystem? Zur Ausstrahlungswirkung des § 91 II AktG, S. 305; FLEISCHER, H., Zur ergänzenden Anwendung von Aktienrecht auf die GmbH, S. 678; zur Frage, inwieweit die Regelungen des DCGK auf die GmbH anwendbar sein können, AXHAUSEN, M., in: Beck'sches Handbuch der GmbH, § 5, Rn. 177 ff.

systems unmittelbar aus der Sorgfaltspflicht des § 43 Abs. 1 GmbHG ableiten.[107] Wieder andere plädieren dafür, die Pflicht auf kapitalmarktorientierte
Gesellschaften zu beschränken, was dazu führen würde, dass mittelständische
Gesellschaften mit Ausnahme jener kleinen Gruppe, die Anleihen am Kapitalmarkt auflegen – etwa an den Mittelstandssegmenten der Börsen –, pauschal
von der Pflicht ausgenommen wären.[108]

Wenig überzeugt zunächst der Rückgriff auf § 43 Abs. 1 GmbHG. Dagegen
spricht schon eine systematische Überlegung: Wenn der Gesetzgeber selbst die
Pflicht zur Einrichtung einer Risikofrüherkennung für die Aktiengesellschaft,
bei der der Gedanke an eine solche Einrichtung wegen der Natur der Gesellschaft sicherlich am nächsten läge, nicht in der aktienrechtlichen Parallelvor-
schrift zu § 43 Abs. 1 GmbH, dem § 91 Abs. 1 AktG, verortet, sondern für diesen Zweck mit § 91 Abs. 2 AktG explizit eine eigene Bestimmung schafft, dann
wird man auch für die GmbH eine solche Pflicht nicht implizit dem § 43 Abs. 1
GmbHG entnehmen können. Bestätigt wird dieser Befund durch die Gesetzesmaterialien. Umgekehrt erscheint eine generelle Analogie zu § 91 Abs. 2 AktG
zu pauschal.[109] Und ebenso zu pauschal dürfte es sein, die Pflicht ausschließlich
auf den kleinen Kreis der kapitalmarktorientierten Gesellschaften zu beschränken, zeigt doch § 91 Abs. 2 AktG, dass es sich gerade nicht um eine kapital-
marktrechtliche, sondern um eine gesellschaftsrechtliche Anforderung handelt,
deren Zielrichtung nicht Anlegerschutz, sondern Gesellschafter- und Gläubiger-
schutz ist. Unterfüttern lässt sich dieser Befund mit § 317 Abs. 4 HGB, der die
Prüfung des Risikoüberwachungssystems durch den Abschlussprüfer auf börsennotierte Aktiengesellschaften beschränkt. Offensichtlich geht der Gesetzgeber
davon aus, dass ein Überwachungssystem auch bei nicht börsennotierten Aktiengesellschaften (§ 3 Abs. 2 AktG) einzurichten ist, dass es dort aber nicht erforderlich erscheint, dieses System vom Abschlussprüfer prüfen zu lassen.

---

106 Vgl. ZÖLLNER, W./NOACK, U., in: GmbHG, § 35 GmbHG, Rn. 33.
107 Vgl. LUTTER, M., Haftung und Haftungsfreiräume des GmbH-Geschäftsführers, S. 305;
KLEINDIEK, D., in: GmbH-Gesetz Kommentar, § 43 GmbHG, Rn. 23 ff.; ALTMEPPEN,
H., Die Auswirkungen des KonTraG auf die GmbH, S. 301 f.
108 Vgl. HOMMELHOFF, P., Risikomanagement im GmbH-Recht, S. 376 ff.
109 Ebenso BORK, R., Pflichten der Geschäftsführung in Krise und Sanierung, S. 105; FLEI-
SCHER, H., in: Münchener Kommentar zum GmbHG, § 43 GmbHG, Rn. 61.

Überzeugender erscheint demgegenüber – wie auch bei der Compliance-Pflicht – eine rechtsformneutrale bzw. rechtsformübergreifende Begründung, wobei die inhaltlichen Unterschiede beider Pflichten natürlich nicht zu übersehen sind.[110] Die Pflicht zur Risikofrüherkennung leitet sich danach ebenso wie die Compliance-Pflicht nicht aus der unmittelbaren oder analogen Anwendung von Einzelvorschriften ab, sondern aus dem allgemeinen verbandsrechtlichen Grundsatz, dass Leitungsmacht mit Leitungsverantwortung gepaart ist und aus dieser Leitungsverantwortung die Pflicht zur Risikoprävention folgt, die sich je nach den Umständen zu einer Pflicht zur Einrichtung eines Risikofrüherkennungssystems verdichten. Für die AG ist die Verdichtung rechtsformtypisch. Daher ist es richtig, dass § 91 Abs. 2 AktG diese Pflicht für die AG dem Grunde nach allgemein statuiert. Mit dem Begriff der „Ausstrahlung" bringen die Gesetzgebungsmaterialien allerdings zutreffend zum Ausdruck, dass außerhalb der AG ein schematischer Ansatz verfehlt wäre und nur eine differenzierende Betrachtung angemessen erscheint. Hier nun kommen jene Parameter wieder ins Spiel, die schon für die Compliance-Pflicht maßgeblich waren: Größe und Organisationsstruktur des Unternehmens, seine geografische Präsenz und auch, ob aus der Vergangenheit Vorfälle bekannt sind, die Anlass zur Einrichtung eines Risikofrüherkennungssystems geben. Dadurch wird die Frage der Risikofrüherkennung von der Gesellschaftsform gelöst und es lässt sich für jede Unternehmensträgerform eine flexible Lösung finden.

Für die mittelständischen Unternehmen folgt daraus, dass eine Pflicht zur Risikoüberwachung dem Grunde nach in jeder unternehmenstragenden Gesellschaft besteht, gleichviel welcher Rechtsform sie angehört, dass aber eine Pflicht zur Einrichtung eines Risikofrüherkennungssystems bzw. einer entsprechenden Organisation dort und nur dort besteht, wo die genannten Parameter ein solches System angezeigt erscheinen lassen, tendenziell eher also bei der großen, grenzüberschreitend tätigen Gesellschaft mit komplexer Finanzierungsstruktur, die in krisenanfälligen Branchen bzw. Märkten tätig ist. Hier hängt dann auch von diesen Parametern ab, welchen Organisationsgrad das Risikofrüherkennungssystem braucht, um angemessen zu sein. Hingegen dürfte es in der kleinen Gesellschaft, die diese Kriterien nicht erfüllt, in aller Regel genügen, dass die Geschäftsleitung die Risikoentwicklung beobachtet, um ggf. rechtzeitig reagieren zu können.[111]

---

110 Dies betont zu Recht KORT, M., Compliance-Pflichten und Haftung von GmbH-Geschäftsführern, S. 570.

9 Die Rolle der Abschlussprüfung

Nach § 316 Abs. 1 und 2 HGB sind der Jahresabschluss und der Lagebericht von mittelgroßen und großen Kapitalgesellschaften sowie der Konzernabschluss und der Konzernlagebericht von Kapitalgesellschaften durch den Abschlussprüfer zu prüfen.[112] Daraus folgt für den Bereich der mittelständischen Unternehmensträger eine Zweiteilung der Landschaft: Soweit es sich um mittelgroße (bzw. große) Kapitalgesellschaften handelt, besteht sowohl für den Einzel- als auch für den Konzernabschluss Prüfpflicht. Darüber hinaus besteht auch bei kleinen Kapitalgesellschaften[113] für den Konzernabschluss eine Prüfpflicht. Hingegen unterliegen die Einzel- und Konzernabschlüsse von Personengesellschaften sowie Einzelabschlüsse von kleinen Kapitalgesellschaften keiner Prüfpflicht.

Soweit nun eine Prüfpflicht besteht, kommen die einschlägigen Prüfungsstandards des Instituts der Wirtschaftsprüfer ins Spiel.[114] Sowohl für das Compliance Management System als auch für das Risikofrüherkennungssystem hat das IDW Prüfungsstandards formuliert, nämlich IDW PS 340 „Die Prüfung des Risikofrüherkennungssystems nach § 317 Abs. 4 HGB"[115] sowie IDW PS 980 „Grundsätze ordnungsmäßiger Prüfung von Compliance Management Systemen".[116] Zu beachten ist der Vorrang des IDW PS 340, der als spezieller Standard die Anwendung des IDW PS 980 ausschließt.[117] Allerdings besteht die Pflicht zur Prüfung des Risikofrüherkennungssystems nach § 317 Abs. 4 HGB

---

111 So auch FLEISCHER, H., in: Münchener Kommentar zum GmbHG, § 43 GmbHG, Rn. 61.

112 Näher MERKT, H., in: HGB-Kommentar, § 316 HGB, Rn. 1 ff.

113 Nach § 267 Abs. 1 HGB sind kleine Kapitalgesellschaften „[...] solche, die mindestens zwei der drei nachstehenden Merkmale nicht überschreiten: 1. 4.840.000 Euro Bilanzsumme nach Abzug eines auf der Aktivseite ausgewiesenen Fehlbetrags (§ 268 Abs. 3). 2. 9.680.000 Euro Umsatzerlöse in den zwölf Monaten vor dem Abschlußstichtag. 3. Im Jahresdurchschnitt fünfzig Arbeitnehmer."

114 Zur Rechtsnatur SCHÜLKE, T., IDW-Standards und Unternehmensrecht – Zur Geltung und Wirkung privat gesetzter Regeln.

115 Vgl. IDW (Hrsg.), IDW PS 340.

116 Vgl. IDW (Hrsg.), IDW PS 980.

117 Vgl. IDW (Hrsg.), IDW PS 980, Tz. 2, A2; zum Entwurf EISOLT, D., Prüfung von Compliance-Management-Systemen: erste Überlegungen zu IDW EPS 980, S. 1843 f.

nur bei der börsennotierten Aktiengesellschaft,[118] nicht hingegen für den Bereich der mittelständischen Unternehmen. Für sie bleibt es damit in Bezug auf die Prüfung von Compliance Management Systemen bei IDW PS 980.

Wichtig erscheint hier jedoch zweierlei: Erstens stellt IDW PS 980 Grundsätze für die freiwillige Prüfung dar. Er richtet sich als Berufsauffassung primär an die Wirtschaftsprüfer.[119] Es handelt sich also nicht um rechtlich bindende Vorgaben für Unternehmen. Darin unterscheidet er sich maßgeblich von den gesetzlichen Aufsichtsbestimmungen und deren Interpretationen durch die BaFin.[120] Das führt zum zweiten Punkt: In der Ausgestaltung gibt IDW PS 980 die aufsichtsrechtlichen Rahmenbedingungen für eine an das jeweilige Unternehmen anzupassende Struktur vor.[121] IDW PS 980 zielt inhaltlich auf den Nachweis einer ermessensfehlerfreien Systemgestaltung für ein umfassendes Compliance-Management.[122] Der Prüfstandard orientiert sich dabei an den gesetzlichen Anforderungen und insb. an den dazu ergangenen Interpretationen der BaFin. Wie bereits dargelegt wurde, ist ein solchermaßen an aufsichtsrechtlichen Vorgaben für die Finanzbranche orientiertes Compliance-Regime ungeeignet für den Bereich mittelständischer Unternehmen. Gleichwohl mag IDW PS 980 gewisse Hinweise für die Erfüllung der Compliance-Pflicht auch in mittelständischen Unternehmen geben. Allerding dürfte es hier vor allem um größere Unternehmen gehen.[123] Damit ist nichts zu der zwischen Abschlussprüfern und Rechtsanwälten heftig umstrittenen und hier nicht zu vertiefenden, weil kein Spezifikum des mittelständischen Unternehmens darstellende, Frage gesagt, inwieweit ein positives Testat „Enthaftungswirkung" zugunsten der Geschäftsleitung entfalten kann.[124]

---

118 Nach § 321 HGB ist über das Ergebnis dieser Prüfung zu berichten.

119 Vgl. IDW PS 980 Tz. 1; GÖRTZ, B., Der neue Compliance-Prüfungsstandard (EPS 980), S. 127.

120 Dazu SPINDLER, G., in: Münchener Kommentar zum AktG, § 91 AktG, Rn. 54.

121 Vgl. IDW PS 980, Tz. 1.

122 Vgl. IDW PS 980, Tz. 1; SPINDLER, G., in: Münchener Kommentar zum AktG, § 91 AktG, Rn. 54; abweichend WILSING, H. U. A. (Hrsg.), Deutscher Corporate Governance Kodex – Kommentar, 4.1.3 DCGK, Rn. 17.

123 Vgl. FLEISCHER, H., Aktienrechtliche Compliance-Pflichten im Praxistest: Das Siemens/Neubürger- Urteil des LG München I, S. 325.

10 Fazit

Die Pflichten zu Compliance und Risikofrüherkennung sind keine Spezifika der AG und damit vor allem der großen Kapitalgesellschaft, sondern gelten dem Grunde nach für Geschäftsleiter in allen Unternehmensträgerformen, also auch in jenen, die typischerweise in mittelständischen Unternehmen anzutreffen sind (vor allem GmbH und Personenhandelsgesellschaften). Denn sie entspringen der Leitungssorgfaltspflicht, die ihrerseits der Leitungsaufgabe des Geschäftsleiters eines jeden Verbands korrespondiert. Der Umfang beider Pflichten richtet sich nach unterschiedlichen Parametern.

Es bleibt Aufgabe von Praxis, Rechtsprechung und Wissenschaft, die Konturen und die Einzelheiten beider Pflichten insb. für mittelständische Unternehmen weiter zu schärfen.

11 Zusammenfassung in Thesen

1. Als Compliance-Pflicht lässt sich die Pflicht des Geschäftsleiters einer Gesellschaft bezeichnen, selbst normkonform zu handeln sowie auf normkonformes Verhalten anderer in der Gesellschaft zu achten. Dazu gehört einerseits, Normverstöße durch geeignete Maß-nahmen zu verhindern, und andererseits, im Verdachtsfall mögliche Verstöße aufzuklären sowie aufgedeckte Normverstöße angemessen zu sanktionieren.

2. Rechtsdogmatisch leitet sich die Compliance-Pflicht aus der allgemeinen Leitungssorgfaltspflicht des Geschäftsleiters ab. Hingegen überzeugt eine Ableitung aus der Pflicht zur Einrichtung eines Risikofrüherkennungs- und Überwachungssystems (§ 91 Abs. 2 AktG) nicht, denn ein solches System dient allein der Erkennung bestandsgefährdender Risiken und nicht jeder Normverstoß

---

124 Dazu RIEDER M./JERG, M., Anforderungen an die Überprüfung von Compliance-Programmen, S. 201; GELHAUSEN, H./WERMELT, A., Haftungsrechtliche Bedeutung des IDW EPS 980, S. 208; LIESE, J./SCHULZ, M., Risikomanagement durch Compliance-Audits, S. 1350.

schafft solche Risiken. Ebenso wenig taugt das Recht der Ordnungswidrigkeiten (OWiG) als dogmatische Grundlage, denn dort wird die Compliance-Pflicht vorausgesetzt, aber nicht begründet.

3. Aus der dogmatischen Fundierung in der Leitungssorgfaltspflicht folgt, dass eine Compliance-Pflicht dem Grunde nach unabhängig von Typ und Größe der Gesellschaft und von der Gewinnerzielungsabsicht für jeden Geschäftsleiter besteht, sei es in der AG (kapitalmarktorientiert ebenso wie nicht kapitalmarktorientiert), in der GmbH oder in der Personenhandelsgesellschaft (oHG, KG, GmbH & Co. KG), aber auch in der KGaA, im Verein, in der Stiftung oder in der Genossenschaft.

4. Indessen bleibt es ein besonderes Desiderat, die Compliance-Pflicht der Geschäftsleitung für die Verbandsformen außerhalb des Kapitalgesellschaftsrechts dem Grunde und dem Umfang nach zu konturieren und an die Spezifika der Rechts- und Unternehmensform anzupassen. So steht die Diskussion um Compliance etwa in der Stiftung, der Genossenschaft und im Verein noch ganz am Anfang.

5. Von der Frage nach der grundsätzlichen Geltung der Compliance-Pflicht zu trennen ist die Frage nach Umfang und Intensität der Compliance-Pflicht und insb. nach der Pflicht zur Errichtung einer besonderen Compliance-Organisation (Compliance Management System). Hier sind unterschiedliche Parameter zu berücksichtigen. Zu nennen sind zunächst die Wahrscheinlichkeit einer Normverletzung, die Branche, die Größe und Organisationsstruktur des Unternehmens, seine geografische Präsenz sowie, ob es in der Vergangenheit bereits zu Verstößen oder Verdachtsfällen gekommen ist. Dementsprechend sind die Anforderungen in der großen kapitalmarktorientierten AG, die in der Rüstungs- oder Baubranche tätig ist, größer als in der kleinen Handwerks-oHG. Sodann kommt es auch auf die geografische Präsenz sowie darauf an, ob es in der Vergangenheit zu Verdachtsfällen gekommen ist.

6. Ein eigener Parameter, den der Gesetzgeber selbst bereits zum Anknüpfungspunkt für spezifische inhaltliche Anforderungen an die Compliance-Pflicht gemacht hat, ist die behördliche Beaufsichtigung des Unternehmens (KWG, VAG,

WpHG, KAGB). Allerdings ist gegenüber einer „Ausstrahlung" solcher Vorgaben auf Unternehmen außerhalb der beaufsichtigten Branchen äußerste Zurückhaltung geboten.

7. Für den Konzern ist heute allgemein anerkannt, dass der Vorstand der Konzernobergesellschaft nicht nur in der Obergesellschaft, sondern auch konzernweit die Einhaltung von Recht und Gesetz zu überwachen hat. Dabei wird die Organisation des Unternehmensverbunds auch im mittelständischen Bereich regelmäßig einen Komplexitätsgrad erreichen, der eine Compliance-Organisation ähnlich den aktienrechtlichen Anforderungen unverzichtbar macht.

8. Hinsichtlich des Entscheidungsermessenes kann für die Träger mittelständischer Unternehmen im Wesentlichen auf jene Grundsätze zurückgegriffen werden, die bereits aus dem Aktienrecht bekannt sind. Allerdings ist zwischen der Compliance selbst, also der Befolgung von Normen, und der Erfüllung der Compliance-Pflicht der Geschäftsleitung zu unterscheiden. Bei der Befolgung von Normen scheidet Ermessen aus. Hingegen steht der Geschäftsleitung bei der konkreten Ausgestaltung der Compliance Ermessen zu.

9. Grundsätzlich trifft die Compliance-Pflicht die Geschäftsleitung als Gesamtorgan. Die Geschäftsleiter können sich dieser Pflicht im Wege der Delegation auf einzelne Mitglieder einer mehrköpfigen Geschäftsleitung oder auf andere in der Gesellschaft nicht vollständig entledigen. Zulässig ist die Delegation einzelner Compliance-Aufgaben, bei der die Geschäftsleitung die Pflicht zur sorgfältigen Auswahl und Überwachung der betreffenden Person behält.

10. Im Haftungsprozess trifft den beklagten Geschäftsleiter die Last der Darlegung und des Beweises, dass er seine Pflicht nicht verletzt oder jedenfalls schuldlos gehandelt hat. Für die von der klagenden Gesellschaft zu beweisende hypothetische Kausalität, dass ein ordnungsgemäßes Compliance-System eine konkrete Normverletzung mit hinreichender Wahrscheinlichkeit verhindert hätte, greifen nach verbreiteter Auffassung Beweiserleichterungen.

11. Für die Frage eines möglichen Rechtfertigungsgrundes gilt: Zwar ist jeder einzelne Geschäftsleiter verpflichtet, an der Umsetzung von Beschlüssen des Geschäftsleitungsorgans mitzuwirken. Doch endet diese Verpflichtung dort, wo der Beschluss selbst gegen Recht und Gesetz verstößt. Keine Rechtfertigung für Rechtsverstöße ergibt sich daraus, dass ohne Schmiergeldzahlungen wirtschaftliche Erfolge auf korrupten Auslandsmärkten nicht möglich sind. Ebenso wenig rechtfertigend wirkt die wirtschaftliche „Nützlichkeit" der Pflichtverletzung.

12. Grundsätzlich haftet der Geschäftsleiter aus Verletzung der Compliance-Pflicht nur im Innenverhältnis gegenüber der Gesellschaft. Lediglich ausnahmsweise kommt es zur Außenhaftung der Geschäftsleitung gegenüber Dritten, etwa gegenüber Vertragspartnern oder gesetzlichen Gläubigern der Gesellschaft.

13. Für die Unternehmensträgerformen des Mittelstands und insb. wiederum für die GmbH fehlt es an Vorschriften zur Risikofrüherkennung, die § 91 Abs. 2 AktG entsprächen. Allerdings lässt sich dem Grunde nach eine rechtsformübergreifende Risikofrüherkennungspflicht wiederum aus der Leitungssorgfaltspflicht eines jeden Geschäftsleiters ableiten. Dem Umfang nach besteht indessen eine Pflicht zur Einrichtung eines Risikofrüherkennungssystems bzw. einer entsprechenden Organisation dort und nur dort, wo zuvor für die Compliance genannten Parameter ein solches System angezeigt erscheinen lassen.

14. Eine Pflicht zur Abschlussprüfung besteht im Bereich der mittelständischen Unternehmensträgern nur bei mittelgroßen und großen Kapitalgesellschaften, bei kleinen Kapitalgesellschaften nur für den Konzernabschluss. IDW PS 980 stellt Grundsätze für die freiwillige Prüfung auf. Der Standard ist an aufsichtsrechtlichen Vorgaben für die Finanzbranche orientiert und daher ungeeignet für den Bereich mittelständischer Unternehmen. Gleichwohl mag IDW PS 980 gewisse Hinweise für die Erfüllung der Compliance-Pflicht in großen mittelständischen Unternehmen geben. Inwieweit ein positives Testat „Enthaftungswirkung" zugunsten der Geschäftsleitung entfalten kann, ist ungeklärt.

Literaturverzeichnis

ACKER, WENDELIN, Vorstand/Geschäftsführer muss für funktionierendes Compliance-System sorgen!, in: IBR 2014, S. 309 (Vorstand/Geschäftsführer muss für funktionierendes Compliance-System sorgen!).

ALTMEPPEN, HOLGER, Die Auswirkungen des KonTraG auf die GmbH, in: ZGR 1999, S. 291-313 (Die Auswirkungen des KonTraG auf die GmbH).

ARBEITSKREIS EXTERNE UND INTERNE ÜBERWACHUNG DER UNTERNEHMUNG DER SCHMALENBACH-GESELLSCHAFT FÜR BETRIEBSWIRTSCHAFT, Compliance – 10 Thesen für die Unternehmenspraxis, in: DB 2010, S. 1509-1518 (Compliance – 10 Thesen für die Unternehmenspraxis).

BACHMANN, GREGOR, Compliance – Rechtsgrundlagen und offene Fragen, in: Gesellschaftsrecht in der Diskussion 2007 – Jahrestagung der gesellschaftsrechtlichen Vereinigung (VGR), hrsg. v. Gesellschaftsrechtliche Vereinigung, 2008, S. 65-101 (Compliance – Rechtsgrundlagen und offene Fragen).

BACHMANN, GREGOR, Reform der Organhaftung? – Materielles Haftungsrecht und seine Durchsetzung in privaten und öffentlichen Unternehmen, Gutachten für den 70. Deutschen Juristentag am 16.-19.September 2014 (Reform der Organhaftung?).

BACHMANN, GREGOR/PRÜFER, GERALF, Korruptionsprävention und Corporate Governance, in: ZRP 2005, S. 109-113 (Korruptionsprävention und Corporate Governance).

BAFIN (Hrsg.), Rundschreiben 10/2012 (BA) – Mindestanforderungen an das Risikomanagement – MaRisk, 2012, abrufbar unter: http://www.bafin.de/SharedDocs/Veroeffentlichungen/DE/Rundschreiben/rs_1210_marisk_ba.html (Stand: 15.08.2014, 12:00 Uhr) (Rundschreiben 10/2012 (BA) - Mindestanforderungen an das Risikomanagement – MaRisk).

BAFIN (Hrsg.), Rundschreiben 3/2009 (VA) – Aufsichtsrechtliche Mindestanforderungen an das Risikomanagement (MaRisk VA), 2009, abrufbar unter: http://www.bafin.de/SharedDocs/Veroeffentlichungen/DE/Rundschreiben/rs_0903_va_marisk.html (Stand: 15.08.2014, 12:00 Uhr) (Rundschreiben 3/2009 (VA) - Mindestanforderungen an das Risikomanagement (MaRisk VA).

BAFIN (Hrsg.), Rundschreiben 4/2010 (WA) – MaComp, 2010, abrufbar unter: http://www.bafin.de/SharedDocs/Veroeffentlichungen/DE/Rundschreiben/rs_1004_wa_macomp.html?nn=2819248 (Stand: 15.08.2014, 12:00 Uhr) (Rundschreiben 4/2010 (WA) - MaComp).

BAUMBACH, ADOLF/HOPT, KLAUS, HGB-Kommentar, 36. Aufl., München 2014 (zitiert: BEARBEITER, in: HGB-Kommentar).

BAUMBACH, ADOLF/HUECK, ALFRED (Begr.), GmbHG, 20. Aufl., München 2013 (zitiert: BEARBEITER, in: GmbHG).

BAYER, WALTER, Empfehlen sich besondere Regeln für börsennotierte und für geschlossene Gesellschaften?, Gutachten für den 67. Deutschen Juristentag in Erfurt 2008, Gutachten E (Empfehlen sich besondere Regeln für börsennotierte und für geschlossene Gesellschaften?).

BAYER, WALTER, Kapitalschutz in der GmbH – eine Generalkritik, in: Gesellschaftsrechtliche Vereinigung (Hrsg.), Gesellschaftsrecht in der Diskussion 2012 – Jahrestagung der gesellschaftsrechtlichen Vereinigung, 2013, S. 25-52 (Kapitalschutz in der GmbH – eine Generalkritik).

BECKER, BERNHARD/JANKER, BERND/MÜLLER STEFAN, Die Optimierung des Risikomanagements als Chance für den Mittelstand, in: DStR 2004, S. 1578-1579 (Die Optimierung des Risikomanagements als Chance für den Mittelstand).

BECKMANN, MARTIN, Haftung für mangelhafte Compliance-Organisation: Ein Thema auch für GmbH-Geschäftsführer, in: GmbHR 2014, R. 113-114 (Haftung für mangelhafte Compliance-Organisationen).

BEHRINGER, STEFAN/REUSCH PHILIPP, Organisation von Compliance bei KMU, in: Behringer, Stefan (Hrsg.), Compliance für KMU – Praxisleitfaden für den Mittelstand, Berlin 2012, S. 237-252 (Organisation von Compliance bei KMU).

BERG, CAI, Korruption in Unternehmen und Risikomanagement nach § 91 Abs. 2 AktG, in: AG 2007, S. 271-277 (Korruption in Unternehmen und Risikomanagement nach § 91 Abs. 2 AktG).

BGH, Urteil vom 29.09.1982 - I ZR 88/80, in: NJW 1983, S. 569-573.

BGH, Urteil vom 08.05.1985 - IVa ZR 138/83, in: BGHZ 94, 268-272.

BGH, Urteil vom 05.12.1989 - VI ZR 335/88, in: NJW 1990, 976-978.

BGH, Urteil vom 04.11.2002 - II ZR 224/00, in: BGHZ 152, 280-287.

BINDER, JENS-HINRICH, Eine sichere Bank? – Organisationspflichten und das Finanzdienstleistungs-Unternehmensrecht, Tübinger Antrittsvorlesung vom 16. Mai 2014, erscheint in ZGR 2015 (Organisationspflichten und das Finanzdienstleistungs-Unternehmensrecht).

BMJ (HRSG.), BT-Drucksache 13/9712 vom 28.01.1998: Entwurf eines Gesetzes zur Kontrolle und Transparenz im Unternehmensbereich (KonTraG) (BT-Drucksache 13/9712).

BMJ (HRSG.), Gesetz zur Bekämpfung internationaler Bestechung - IntBestG, in: BGBl 1998, S. 2327-2399.

BÖMELBURG, PETER/ZÄHRES, RAIMUND/BEYER, GEORG/SCHÖFFEL, CHRISTIAN P., Risikomanagement im Mittelstand – Eine aktuelle Bestandsaufnahme, in: DB 2012, S. 1161-1166 (Risikomanagement im Mittelstand – Eine aktuelle Bestandsaufnahme).

BORK, REINHARD, Pflichten der Geschäftsführung in Krise und Sanierung, in: ZIP 2011, S. 101-109 (Pflichten der Geschäftsführung in Krise und Sanierung).

BÜRKLE, JÜRGEN, Corporate Compliance als Standard guter Unternehmensführung des Deutschen Corporate Governance Kodex, in: BB 2007, S. 1797-1801 (Corporate Compliance als Standard guter Unternehmensführung des Deutschen Corporate Governance Kodex).

BUNTING, NIKOLAUS, Konzernweite Compliance – Pflicht oder Kür?, in: ZIP 2012, S. 1542-1549 (Konzernweite Compliance – Pflicht oder Kür?).

CAMPOS NAVE, JOSÉ A., Anspruch und unternehmerische Realität im Mittelstand: Auswirkungen des Urteils des LG München I vom 10.12.2013, 2013, abrufbar unter: http://compliance.ruw.de/cb-news/blog/Auswirkungen-des-Urteils-des-LG-Muenchen-I-vom-10.12.2013--22924 (Stand: 15.08.2014, 12:00 Uhr) (Anspruch und unternehmerische Realität im Mittelstand: Auswirkungen des Urteils des LG München I vom 10.12.2013).

CAMPOS NAVE, JOSÉ A./ZELLER, JAN, Corporate Compliance in mittelständischen Unternehmen, in: BB 2012, S. 131-135 (Corporate Compliance in mittelständischen Unternehmen).

CANARIS, CLAUS-WILHELM/HABERSACK, MATHIAS/SCHÄFER, CARSTEN (Hrsg.), Staub HGB, 5. Aufl., Bd. III, 2009 (zitiert: BEARBEITER, in: Staub HGB).

DELOITTE (Hrsg.), ADAC e. V. Ergebnisse der Untersuchung des Wahlverfahren zum Titelträger „Lieblingsauto der Deutschen 2014", 2014, abrufbar unter: http://www.adac.de/_mmm/pdf/140210_Yellow_PPT_CLEAN_VERSION_199973.pdf (Stand: 15.08.2014, 12:00 Uhr) (ADAC e. V. – Ergebnisse der Untersuchung des Wahlverfahren zum Titelträger Lieblingsauto der Deutschen 2014).

DELOITTE (Hrsg.) Compliance im Mittelstand, 2011, abrufbar unter: http://www2.deloitte.com/ content/dam/Deloitte/de/Documents/Mittelstand/Studie-Compliance-im-Mittelstand.pdf (Stand 15.08.2014, 12:00 Uhr) (Compliance im Mittelstand).

DER SPIEGEL (Hrsg.), Deutscher U-Boot-Deal: Griechischer Ex-Minister wegen Korruptionsverdacht in Haft, 2012, abufbar unter: http://www.spiegel.de/politik/ausland/deutscher-u-boot-deal-belastet-griechischen-ex-minister-tsochatzopoulos-a-826870.html (Stand: 15.08.2014, 12:00 Uhr) (Deutscher U-Boot-Deal: Griechischer Ex-Minister wegen Korruptionsverdacht in Haft).

DREHER, MEINRAD, Ausstrahlung des Aufsichtsrechts auf das Aktienrecht – Unter besonderer Berücksichtigung des Risikomanagements, in: ZGR 2010, S. 496-542 (Ausstrahlung des Aufsichtsrechts auf das Aktienrecht).

DREHER, MEINRAD, Die Vorstandsverantwortung im Geflecht von Risikomanagement, Compliance und interner Revision, in: Festschrift für Uwe Hüffer zum 70. Geburtstag, hrsg. v. Kindler, Peter/Koch, Jens/Ulmer, Peter, München 2010, S. 161-178 (Die Vorstandsverantwortung im Geflecht von Risikomanagement, Compliance und interner Revision).

DRYGALA, TIM/ DRYGALA, ANJA, Wer braucht ein Frühwarnsystem? Zur Ausstrahlungswirkung des § 91 II AktG, in: ZIP 2000, S. 297-305 (Wer braucht ein Frühwarnsystem? Zur Ausstrahlungswirkung des § 91 II AktG).

EBENROTH, CARSTEN THOMAS/BOUJONG, KARLHEINZ/JOOST, DETLEV (Hrsg.), Handelsgesetzbuch, 3.Aufl., München 2011 (zitiert: BEARBEITER, in: Handelsgesetzbuch).

EISOLT, DIRK, Prüfung von Compliance-Management-Systemen: erste Überlegungen zu IDW EPS 980, in: BB 2010, S. 1843-1848 (Prüfung von Compliance-Management-Systemen: erste Überlegungen zu IDW EPS 980).

FISSENEWERT, PETER, Compliance für den Mittelstand, München 2013 (Compliance für den Mittelstand).

FLEISCHER, HOLGER, Aktienrechtliche Compliance-Pflichten im Praxistest: Das Siemens/Neubürger-Urteil des LG München I, in: NZG 2014, S. 321-329 (Aktienrechtliche Compliance-Pflichten im Praxistest: Das Siemens/Neubürger-Urteil des LG München I).

FLEISCHER, HOLGER, Corporate Compliance im aktienrechtlichen Unternehmensverbund, in: CCZ 2008, S. 1-6 (Corporate Compliance im aktienrechtlichen Unternehmensverbund).

FLEISCHER, HOLGER, Zur ergänzenden Anwendung von Aktienrecht auf die GmbH, in: GmbHR 2008, S. 673-682 (Zur ergänzenden Anwendung von Aktienrecht auf die GmbH).

FLEISCHER, HOLGER/GOETTE, WULF (Hrsg.), Münchener Kommentar zum GmbHG, München 2012 (zitiert: BEARBEITER, in: Münchener Kommentar zum GmbHG).

FLICK, MARTIN, Jedes Vorstandsmitglied ist für die Einrichtung und Überwachung eines Compliance-Systems verantwortlich, in: GWR 2014, S. 151 (Jedes Vorstandsmitglied ist für die Einrichtung und Überwachung eines Compliance-Systems verantwortlich).

FRANKFURTER RUNDSCHAU (Hrsg.), Schmiergeldaffäre – Ferrostaal muss 140 Millionen Euro zahlen, 2012, abufbar unter: http://www.fr-online.de/wirtschaft/schmiergeldaffaere-ferrostaal-muss-140-millionen-euro-zahlen,1472780,11334614.html (Stand: 15.08.2014, 12:00 Uhr) (Schmiergeldaffäre – Ferrostaal muss 140 Millionen Euro zahlen).

GELHAUSEN, HANS FRIEDRICH/WERMELT, ANDREAS, Haftungsrechtliche Bedeutung des IDW EPS 980: Grundsätze ordnungsmäßiger Prüfung von Compliance-Management-Systemen, in: CCZ 2010, S. 208-213 (Haftungsrechtliche Bedeutung des IDW EPS 980).

GÖRTZ, BIRTHE, Der neue Compliance-Prüfungsstandard (EPS 980). Inhalte und Aussagen, in: CCZ 2010, S. 127-133 (Der neue Compliance-Prüfungsstandard (EPS 980)).

GOETTE, WULF, Aufarbeitung von Compliance-Verstößen: Zusammenarbeit von Vorstand und Aufsichtsrat, in: CCZ Editorial 2/2014, S. 49 (Aufarbeitung von Compliance-Verstößen: Zusammenarbeit von Vorstand und Aufsichtsrat).

GOETTE, WULF, Organisationspflichten im Kapitalgesellschaftsrecht zwischen Rechtspflicht und Opportunität, in: ZHR 175 (2011), S. 388-400 (Organisationspflichten im Kapitalgesellschaftsrecht zwischen Rechtspflicht und Opportunität).

GOETTE, WULF/HABERSACK, MATHIAS (Hrsg.), Münchener Kommentar zum AktG, 4. Aufl., München 2014 (zitiert: BEARBEITER, in: Münchener Kommentar zum AktG).

GRAF, CHRISTIAN/STOBER, ROLF (Hrsg.), Der Ehrbare Kaufmann und Compliance – Zur Aktivierung eines klassischen Leitbilds für die Compliancediskussion, Hamburg 2010 (Der Ehrbare Kaufmann und Compliance).

GRÜTZNER, THOMAS, Compliance 2.0 – LG München I verpflichtet Vorstände zur „Compliance", in: BB 2014, S. 850-852 (Compliance 2.0 – LG München I verpflichtet Vorstände zur „Compliance").

HAHN, VOLKER, Haftung des AG-Vorstands wegen Einrichtung eines mangelhaften Compliance-Systems zur Verhinderung von Schmiergeldzahlungen („Siemens"), in: EWiR 2014, S. 175-176 (Haftung des AG-Vorstands wegen Einrichtung eines mangelhaften Compliance-Systems zur Verhinderung von Schmiergeldzahlungen („Siemens")).

HAUSCHKA, CHRISTOPH E. (Hrsg.), Corporate Compliance, 2. Aufl., München 2010 (zitiert: BEARBEITER, in: Corporate Compliance).

HOMMELHOFF, PETER, Risikomanagement im GmbH-Recht, in: Festschrift für Otto Sandrock zum 70. Geburtstag, hrsg. v. Berger, Klaus-Peter/Ebke, Werner F./Elsing, Siegfried/Großfeld, Bernhard/Kühne, Gunther, Heidelberg 2000, S. 373-383 (Risikomanagement im GmbH-Recht).

HOPT, KLAUS J., The Board of Nonprofit Organizations: Some Corporate Governance Thoughts from Europe, European Corporate Governance Institute (ECGI) Law Working Paper 125/2009, April 2009 (The Board of Nonprofit Organizations: Some Corporate Governance Thoughts from Europe).

HOPT, KLAUS J., Die Verantwortlichkeit von Vorstand und Aufsichtsrat: Grundsatz und Praxisprobleme – unter besonderer Berücksichtigung der Banken, in: ZIP 2013, S. 1793-1806 (Die Verantwortlichkeit von Vorstand und Aufsichtsrat: Grundsatz und Praxisprobleme).

HOPT, KLAUS/MERKT, HANNO, Bilanzrecht – Kommentar, München 2010 (zitiert: BEARBEITER, in: Bilanzrecht – Kommentar).

HUBER, NIKOLAUS, Die Reichweite konzernbezogener Compliance-Pflichten des Mutter-Vorstands des AG-Konzerns, Berlin 2013 (Die Reichweite konzernbezogener Compliance-Pflichten des Mutter-Vorstands des AG-Konzerns).

HÜFFER, UWE, Aktiengesetz, 11. Aufl., München 2014 (zitiert: BEARBEITER, in: Aktiengesetz).

IDW (Hrsg.), IDW Prüfungsstandard 340: Die Prüfung des Risikofrüherkennungssystems nach § 317 Abs. 4 HGB, verabschiedet vom Hauptfachausschuss am 11.09.2000, WPg 16/1999, S. 658-662 (IDW PS 340).

IDW (Hrsg.), IDW Prüfungsstandard: Grundsätze ordnungsmäßiger Prüfung von Compliance Management Systemen (IDW PS 980), verabschiedet vom Hauptfachausschuss am 11.03.2011, WPg Supplement 2/2011, S. 78-105 (IDW PS 980).

IMMENGA, ULRICH, Compliance als Rechtspflicht nach Aktienrecht und Sarbanes-Oxley Act, in: Unternehmensrecht zu Beginn des 21. Jahrhunderts – Festschrift für Eberhard Schwark zum 70.Geburtstag, hrsg. v. Grundmann, Stefan/Kirchner, Christian/Raiser, Thomas/Schwintowski, Hans-Peter/Weber, Martin/Windbichler, Christine, München 2009, S. 199-208 (Compliance als Rechtspflicht nach Aktienrecht und Sarbanes-Oxley Act).

KIETHE, KURT, Vermeidung der Haftung von geschäftsführenden Organen durch Corporate Compliance, in: GmbHR 2007, S. 393-400 (Vermeidung der Haftung von geschäftsführenden Organen durch Corporate Compliance).

KINDLER, PETER, Pflichtverletzung und Schaden bei der Vorstandshaftung wegen unzureichender Compliance, in: Festschrift für Günter H. Roth zum 70. Geburtstag, hrsg. v. Altmeppen, Holger/Fitz, Hanns/Honsell, Heinrich, München 2011, S. 367-378 (Pflichtverletzung und Schaden bei der Vorstandshaftung wegen unzureichender Compliance).

KIRSTAN, THOMAS, Die zunehmende Bedeutung von Compliance, Risikomanagement und Interner Revision für mittelständische Unternehmen, in: Schriften zum Revisionswesen – Aktuelle Herausforderungen für den Mittelstand im Kontext zunehmender Internationalisierung, Beiträge und Diskussionen zum 28. Münsterischen Tagesgespräch des Münsteraner Gesprächskreises Rechnungslegung und Prüfung e. V. am 20. Juni 2013, hrsg. v. Baetge, Jörg/Kirsch, Hans-Jürgen, Düsseldorf 2013, S. 115-130 (Die zunehmende Bedeutung von Compliance, Risikomanagement und Interner Revision für mittelständische Unternehmen).

KORT, MICHAEL, Compliance-Pflichten und Haftung von GmbH-Geschäftsführern, in: GmbHR 2013, S. 566-574 (Compliance-Pflichten und Haftung von GmbH-Geschäftsführern).

KORT, MICHAEL, Die Regelung von Risikomanagement und Compliance im neuen KAGB, in: AG 2013, S. 582-588 (Die Regelung von Risikomanagement und Compliance im neuen KAGB).

KPMG (Hrsg.), Studie Compliance-Management-Systeme, 2007 (Studie Compliance-Management-Systeme).

LANGENBUCHER, KATJA, Aktien- und Kapitalmarktrecht, 2. Aufl., München 2011 (Aktien- und Kapitalmarktrecht).

LANGENBUCHER, KATJA, Bausteine eines Bankgesellschaftsrechts, in: ZHR 176 (2012) S. 652-668 (Bausteine eines Bankgesellschaftsrechts).

LG KÖLN (Hrsg.), Pressemitteilung des Landgerichts Köln zum Strafverfahren "Oppenheim-Esch", 2013, abrufbar unter: http://www.lg-koeln.nrw.de/presse/Pressemitteilungen/index.php(Stand 15.08.2014, 12:00 Uhr) (Pressemitteilung des Landgerichts Köln zum Strafverfahren "Oppenheim-Esch").

LG KÖLN (Hrsg.), Pressemitteilung des Landgerichts Köln zur Zusammenlegung der Strafverfahren "Oppenheim-Esch" und "ADG/Acandor", 2013, abrufbar unter: http://www.lg-koeln.nrw.de/presse/Pressemitteilungen/index.php (Stand 15.08.2014, 12:00 Uhr) (Pressemitteilung des Landgerichts Köln zur Zusammenlegung der Strafverfahren "Oppenheim-Esch" und "ADG/Acandor").

LG München I, Urteil vom 10.12.2013 - 5 KHK O 1387/10, in: NZG 2014, S. 345-349.

LIESE, JENS/SCHULZ, MARTIN, Risikomanagement durch Compliance-Audits – Neue Herausforderungen für die Unternehmensorganisation, in: BB 2011, S. 1347-1353 (Risikomanagement durch Compliance-Audits).

LÖSLER, THOMAS, Das moderne Verständnis von Compliance im Finanzmarktrecht, in: NZG 2005, S. 104-108 (Das moderne Verständnis von Compliance im Finanzmarktrecht).

LUTTER, MARCUS, Haftung und Haftungsfreiräume des GmbH-Geschäftsführers – 10 Gebote an den Geschäftsführer, in: GmbHR 2000, S. 301-312 (Haftung und Haftungsfreiräume des GmbH-Geschäftsführers).

LUTTER, MARCUS, Konzernphilosophie vs. konzernweite Compliance und konzernweites Risikomanagement, in: Festschrift für Wulf Goette zum 65. Geburtstag, hrsg. v. Habersack, Mathias/Hommelhoff, Peter, München 2011, S. 289-297 (Konzernphilosophie vs. konzernweite Compliance und konzernweites Risikomanagement).

LUTTER, MARCUS/HOMMELHOFF, PETER (Hrsg.), GmbH-Gesetz Kommentar, 18. Aufl., München 2012 (zitiert: BEARBEITER, in: GmbH-Gesetz Kommentar).

VON MARNITZ, LAURA, Compliance Management für mittelständische Unternehmen – Ein Modell für die Praxis, Hamburg 2011 (Compliance Management für mittelständische Unternehmen).

MEIER-GREVE, DANIEL, Vorstandshaftung wegen mangelhafter Corporate Compliance, in: BB 2009, S. 2555-2563 (Vorstandshaftung wegen mangelhafter Corporate Compliance).

MEYER, SUSANNE, Compliance-Verantwortlichkeit von Vorstandsmitgliedern – Legalitätsprinzip und Risikomanagement, in: DB 2014, S. 1063-1068 (Compliance-Verantwortlichkeit von Vorstandsmitgliedern).

MICHALSKI, LUTZ (Hrsg.), Kommentar zum GmbHG, 2. Aufl., München 2010 (zitiert: BEARBEITER, in: Gmbh-Gesetz).

MONOPOLKOMMISSION (Hrsg.), 7. Hauptgutachten der Monopolkommission, 1988, abrufbar unter: dipbt.bundestag.de/doc/btd/11/026/1102677.pdf (Stand: 15.08.2014, 12:00 Uhr) (7. Hauptgutachten der Monopolkommission).

MOOSMAYER, KLAUS, Compliance – Praxisleitfaden für Unternehmen, 2. Aufl., München 2012 (Compliance – Praxisleitfaden für Unternehmen).

MÜLLER, WELF/WINKELJOHANN, NORBERT (Hrsg.), Beck'sches Handbuch der GmbH, 4. Aufl., München 2009 (zitiert: BEARBEITER, in: Beck'sches Handbuch der GmbH).

OPPENLÄNDER, FRANK/TRÖLITZSCH, THOMAS (Hrsg.), Praxishandbuch der GmbH-Geschäftsführung, 2. Aufl., München 2011 (zitiert: BEARBEITER, in: Praxishandbuch der GmbH-Geschäftsführung).

PAEFGEN, WALTER G., Unternehmerische Entscheidungen und Rechtsbindung der Organe in der AG, Köln 2002 (Unternehmerische Entscheidungen und Rechtsbindung der Organe in der AG).

PREUßNER, JOACHIM, Risikomanagement im Schnittpunkt von Bankaufsichtsrecht und Gesellschaftsrecht, in: NZG 2004, S. 57-61 (Risikomanagement im Schnittpunkt von Bankaufsichtsrecht und Gesellschaftsrecht).

RIEDER, MARKUS S./HOLZMANN, DANIEL, Die Auswirkungen der Finanzkrise auf die Organhaftung, in: AG 2011, S. 265-274 (Die Auswirkungen der Finanzkrise auf die Organhaftung).

RIEDER MARKUS S./JERG, MARCUS, Anforderungen an die Überprüfung von Compliance-Programmen, in: CCZ 2010, S. 201-207 (Anforderungen an die Überprüfung von Compliance-Programmen).

RÖHRICHT, VOLKER/VON WESTPHALEN, FRIEDRICH/HAAS, ULRICH (Hrsg.), Handelsgesetzbuch – Kommentar, 4. Aufl., Köln 2014 (zitiert: BEARBEITER, in: Handelsgesetzbuch – Kommentar).

SCHILLER, MARTIN, Der Deutsche Corporate Governance Kodex – Ziele, Wirkungen, Anwendungs- und Haftungsfragen, Saarbrücken 2005 (Der Deutsche Corporate Governance Kodex).

SCHIMANSKY, HERBERT/BUNTE, HERMANN-JOSEF/LWOWSKI, HANS-JÜRGEN (Hrsg.), Bankrechts-Handbuch, 4. Aufl., München 2011 (zitiert: BEARBEITER, in: Bankrechts-Handbuch).

SCHMIDT, KARSTEN, Gesellschaftsrecht, 4. Aufl., Köln 2002 (zitiert: Gesellschaftsrecht).

SCHMIDT, KARSTEN, Wirtschaftstätigkeit von „Idealvereinen" durch Auslagerung auf Handelsgesellschaften, in: NJW 1983, S. 543-546 (Wirtschaftstätigkeit von „Idealvereinen" durch Auslagerung auf Handelsgesellschaften).

SCHMIDT, KARSTEN (Hrsg.), Münchener Kommentar zum HGB, 3. Aufl., München 2011 (zitiert: BEARBEITER, in: Münchener Kommentar zum HGB).

SCHNEIDER, UWE H., Compliance als Aufgabe der Unternehmensleitung, in: ZIP 2003, S. 645-650 (Compliance als Aufgabe der Unternehmensleitung).

SCHNEIDER, UWE H., Compliance im Konzern, in: NZG 2009, S. 1321-1326 (Compliance im Konzern).

SCHNEIDER, UWE H./SCHNEIDER, SVEN H., Konzern-Compliance als Aufgabe der Konzernleitung, in: ZIP 2007, S. 2061-2065 (Konzern-Compliance als Aufgabe der Konzernleitung).

SCHOLZ, FRANZ (Hrsg.), Kommentar zum GmbHG, 11. Aufl., Köln 2012 (zitiert: BEARBEITER, in: Kommentar zum GmbHG).

SCHÜLKE, THILO, IDW-Standards und Unternehmensrecht – Zur Geltung und Wirkung privat gesetzter Regeln, Freiburg 2013 (IDW-Standards und Unternehmensrecht – Zur Geltung und Wirkung privat gesetzter Regeln).

SCHWINTOWSKI, HANS-PETER, Gesellschaftsrechtliche Anforderungen an Vorstandshaftung und Corporate Governance durch das neue System der kartellrechtlichen Legalausnahme, in: NZG 2005, S. 200-203 (Gesellschaftsrechtliche Anforderungen an Vorstandshaftung und Corporate Governance).

SILVERMAN, MICHAEL G., Compliance Management for Public, Private, or Nonprofit Organizations, New York 2008 (Compliance Management for Public, Private or Non-profit Organizations).

SIMON, STEFAN/MERKELBACH, MATTHIAS, Organisationspflichten des Vorstands betreffend das Compliance-System – Der Neubürger-Fall, in: AG 2014, S. 318-321 (Organisationspflichten des Vorstands betreffend das Compliance-System – Der Neubürger-Fall).

SPINDLER, GERALD, Compliance in der multinationalen Bankengruppe, in: WM 2008, S. 905-918 (Compliance in der multinationalen Bankengruppe).

SPINDLER, GERALD, Unternehmensorganisationspflichten – Zivilrechtliche und öffentlich-rechtliche Regelungskonzepte, Göttingen 2001 (Unternehmensorganisationspflichten – Zivilrechtliche und öffentlich-rechtliche Regelungskonzepte).

SPINDLER, GERALD/STILZ, EBERHARD, Kommentar zum AktG, 2. Aufl., München 2010 (zitiert: BEARBEITER, in: Kommentar zum AktG).

STOBER, ROLF, Ist der Ehrbare Kaufmann der Schlüssel für Compliance-Anforderungen?, in: NJW 2010, 1573-1575 (Ist der Ehrbare Kaufmann der Schlüssel für Compliance-Anforderungen?).

SÜDDEUTSCHE ZEITUNG (Hrsg.), Ermittlungen in Athen – Griechischer Ex-Spitzenbeamter gesteht Schmiergeld-Deal um deutsche Panzer, 2013, abrufbar unter: http://www.sueddeutsche.de/politik/ermittlungen-in-athen-griechischer-ex-politiker-gesteht-schmiergeld-deal-um-deutsche-panzer-1.1852195(Stand: 15.08.2014, 12:00 Uhr) (Ermittlungen in Athen – Griechischer Ex-Spitzenbeamter gesteht Schmiergeld-Deal um deutsche Panzer).

SÜDDEUTSCHE ZEITUNG (Hrsg.), Millionen-Strafe für die Schnüffler, 2010, abrufbar unter: www.sueddeutsche.de/wirtschaft/lidl-muss-zahlen-millionen-strafe-fuer-die-schnueffler-1.709085 (Stand: 15.08.2014, 12:00 Uhr) (Millionen-Strafe für die Schnüffler).

SÜDDEUTSCHE ZEITUNG (Hrsg.), Rüstungskonzern Krauss-Maffei Wegmann – SPD-Politiker kassierten bei Panzerdeal, 2014, abrufbar unter: http://www.sueddeutsche.de/politik/ruestungskonzern-krauss-maffei-wegmann-spd-politiker-kassierten-bei-panzerdeal-1.1968304 (Stand: 15.08.2014, 12:00 Uhr) (Rüstungskonzern Krauss-Maffei Wegmann – SPD-Politiker kassierten bei Panzerdeal).

VELTE, PATRICK/BUCHHOLZ, ANTJE, Regulierung der Aufsichtsratstätigkeit durch das CRD IV-Umsetzungsgesetz, in: ZIP 2013, S. 400-408 (Regulierung der Aufsichtsratstätigkeit durch das CRD IV-Umsetzungsgesetz).

VERSE, DIRK A., Compliance im Konzern – Zur Legalitätskontrollpflicht der Geschäftsleiter einer Konzernobergesellschaft, in: ZHR 175 (2011), S. 401-424 (Compliance im Konzern – Zur Legalitätskontrollpflicht der Geschäftsleiter einer Konzernobergesellschaft).

WENDT, MATHIAS, Compliance Management und Unternehmenskultur in mittelständischen Unternehmen, in: Compliance für KMU, hrsg. v. Behringer, Stefan, Berlin 2012, S. 203-214 (ompliance Management und Unternehmenskultur in mittelständischen Unternehmen).

WIEDEMANN, HERBERT, Gesellschaftsrecht, Bd. II Recht der Personengesellschaften, München 2004 (Gesellschaftsrecht).

WILSING, HANS-ULRICH U. A. (Hrsg.), Deutscher Corporate Governance Kodex – Kommentar, München 2012 (zitiert: BEARBEITER, in: Deutscher Corporate Governance Kodex – Kommentar).

WINKELJOHANN, NORBERT/KELLERSMANN, DIETRICH, Corporate Governance im Mittelstand, insbesondere Familienunternehmen, in: ZCG 2006, S. 8-12 Corporate Governance im Mittelstand, insbesondere Familienunternehmen).

WINTER, GERRIT, Die Verantwortlichkeit des Aufsichtsrats für Corporate Compliance, in: Festschrift für Uwe Hüffer zum 70. Geburtstag, hrsg. v. Kindler, Peter/Koch, Jens/Ulmer, Peter, München 2010, S. 1103-1128 (Die Verantwortlichkeit des Aufsichtsrats fr Corporate Compliance).

ZETSCHE, DIRK, Das Gesellschaftsrecht des Kapitalanlagegesetzbuchs, in: AG 2013, S. 613-630 (Das Gesellschaftsrecht des Kapitalanlagegesetzbuchs).

ZÖLLNER, WOLFGANG/NOACK, ULRICH (Hrsg.), Kölner Kommentar zum AktG, 3. Aufl., Köln 2011 (zitiert: BEARBEITER, in: Kölner Kommentar zum AktG).

Diskussion

zu den Vorträgen von

Frank Hülsberg

Rainer Böhme

Hanno Merkt

An der Diskussion beteiligten sich neben den Referenten:

Prof. Dr. Hans-Jürgen Kirsch
Westfälische Wilhelms-Universität
Münster

Prof. Dr. Bernhard Großfeld
Westfälische Wilhelms-Universität
Münster

WP/StB Rainer Witte
Partner, WPW GmbH
Oelde

WP/StB Klaus Bittner
Bittner WP/StB
Reinbek

WP/StB Thomas Budde
Partner, AccountingPartners
Münster

Carola Haselhof
Leiterin Interne Revision, CLAAS KGaA mbH
Harsewinkel

Kirsch:

Meine Damen und Herren, der Münsteraner Gesprächskreis und die Tagesgespräche leben nicht nur von den Vorträgen, sondern natürlich auch von den folgenden Diskussionen. Die erste Diskussion möchte ich hiermit eröffnen. Meine Damen und Herren, ich darf Sie ganz herzlich auffordern und einladen, Ihre Fragen an die drei Referenten zu stellen.

Witte:

Herr Prof. Merkt, Sie hatten kurz das Thema „Außenhaftung" angesprochen. Ist es denkbar, dass auch der Primärgeschädigte über den Untreuetatbestand eventuell, bspw. in Korruptionsfällen, an den leichtfertig seine Compliance-Pflichten verletzenden Geschäftsführer direkte Haftungsansprüche stellen kann?

Merkt:

Ja, der Untreuetatbestand ist ein Tatbestand, der den Geschädigten individuell schützen soll. Wenn der Untreuetatbestand erfüllt ist, hat derjenige, der geschädigt ist, einen Anspruch aus § 823 Abs. 2 HGB in Verbindung mit dem Untreuetatbestand gegen den Vorstand, der an dieser Stelle nicht selbst die Untreue begangen, sondern die Compliance-Pflicht nicht hinreichend erfüllt hat. Diese Pflichtverletzung ist sozusagen der „Transmissionsriemen". Sie müssen feststellen, dass die Untreue nicht begangen worden wäre, wenn eine hinreichende Compliance im Unternehmen eingerichtet worden wäre. Wenn Ihnen diese Beweisführung gelingt – und ich hatte ja eben das Problem der Beweisbarkeit und der Beweiserleichterung dargelegt – ist Untreue eine Basis für einen Schadenersatzanspruch.

Großfeld:

Meine erste Frage hatten wir schon in der Pause angesprochen: Wie verhält es sich mit der Versicherung und der Versicherbarkeit der Belastungen aus diesen Sachverhalten? Wird sich daran etwas ändern? Und zweitens: Wie steht es mit der ausländischen Konkurrenz? Nehmen wir als Beispiel China: Wie ist es bei einem Tochterunternehmen in China, das nach dortigen Methoden Aufträge hereinholt? Nach welchem Recht wird der Vorgang beurteilt? Ich frage Sie das vor allem, weil Sie sich mit dem internationalen Unternehmensrecht beschäftigen.

Kirsch:

Ich möchte die Frage noch ein wenig erweitern. Es ist auch in den Vorträgen von Herrn Hülsberg und Herrn Merkt angesprochen worden, wo die Grenzen eines solchen Verhaltens liegen. Das Problem durch Ihre Analogie zum Straßenverkehr deutlich. So glaube ich, die meisten von uns gehen relativ liberal mit den Straßenschildern an Autobahnen um und hoffen, dass sie nicht erwischt werden. Außerdem wird häufig argumentiert, dass ich in einem Land eben kein Geschäft machen kann, wenn ich mich nicht auch an den entsprechenden „Landesregeln" orientiere.

Merkt:

Ich fange mit der zweiten Frage nach internationalem Unternehmensrecht bzw. ausländischem Recht an. Da sympathisiere ich sehr mit der Theorie, die Ehrenzweig in den USA entwickelt hat, der Local Data-Theorie. Ehrenzweig, ein berühmter Kollisionsrechtler aus den USA, hat sich mit der Frage beschäftigt, wie der folgende Fall zu lösen wäre: Zwei Deutsche haben in den USA noch zu Zeiten des Linksverkehrs einen Autounfall. Beide könnten ja in diesem Fall nun sagen: Wir sind zwei Deutsche und haben doch nach unseren Verkehrsregeln Rechtsverkehr, also rechts vor links. Daher liegt hier von uns beiden kein Verstoß vor. Nach Ehrenzweigs Auffassung kann so aber nicht argumentiert werden. Wenn ich mich in einem fremden Land bewege, muss ich gewisse Rechtsvorschriften, die dort gelten, beachten, egal woher ich komme und wer ich bin und wer mein Gegner ist. Jetzt könnte man im chinesischen Fall oder im nigerianischen Fall differenzieren. Wenn das chinesische Recht die Bestechung als legal betrachten würde, dann hätten Sie in der Tat ein Problem. Aber ich würde vermuten, dass das chinesische, das nigerianische, das griechische oder das portugiesische Recht Bestechung eben nicht als legal ansehen. Dann bleibt es dabei, dass dort ein Regelverstoß passiert ist. Wenn man das Beispiel mit den Verkehrsregeln z. B. auf Italien erstrecken würde, dann wäre die Frage immer: Würde der Polizist bei einem Regelverstoß einschreiten? Würde die lokale Staatsanwaltschaft einschreiten, wenn dieser Regelverstoß bekannt wird? Davon würde ich die Beantwortung dieser Frage abhängig machen. Wenn man einigermaßen klar sagen kann, die Norm existiert wird auch durchgesetzt, dann kann es nicht rechtens sein, dass ich selber die Norm ungestraft verletze, weil alle anderen diese Norm ungestraft verletzen und dies in den jeweiligen Wirtschaftskreisen akzeptiert ist. Dort würde ich den Maßstab suchen. Das Landgericht München hat klipp und klar gesagt: Ein nigerianisches Gesetz ist genauso gut wie ein deut-

sches Gesetz. Ein solches Gesetz ist zu beachten. Ich sehe da kein kollisions-
rechtliche Problem im eigentlichen Sinne, weil vom deutschen Gericht nicht nigerianisches Recht angewendet wird, sondern das deutsche Gericht fragt: Hat
der Vorstand diese Norm beachtet oder hätte er sie beachten müssen? Das ist etwas anderes, als wenn das deutsche Gericht selbst nigerianisches Recht anwendet
bzw. beachtet. Aber das sind Feinheiten des Kollisionsrechts.

Für die erste Frage zum Thema Versicherbarkeit ist Herr Hülsberg fast die bessere Adresse. Ich sehe in der Tat ein großes Problem. Natürlich sind die D&O-
Versicherungen inzwischen sehr teuer geworden. Die Versicherungen sind jetzt
auch sehr zurückhaltend bei ihrem Leistungsangebot geworden. Vor allem im
Bereich der groben Fahrlässigkeit wird inzwischen sehr vieles ausgeschlossen,
was früher mitversichert wurde. Da ändert sich momentan die Großwetterlage.
Früher war die D&O-Versicherung das Allheilmittel, und bei Schadensfällen hat
man darauf vertraut, dass die D&O-Versicherung zahlen werde. Das gehört zu
dem Katalog, den Herr Hülsberg am Anfang in seinem Vortrag genannt hatte.
Heute ist dieser Versicherungsschutz viel teurer geworden und zwar nicht durch
Maßnahmen des Gesetzgebers, die als reine Kosmetik angesehen werden können. Was vom Gesetzgeber bezüglich Selbstbehalt geregelt wurde, wurde von
den Unternehmen und den Geschäftsleitern nicht wirklich ernst genommen,
weil diese „Rest"-Risiken privat und verdeckt versichert werden. Das hat nichts
gebracht. Aber die D&O-Versicherung selber ist nicht mehr bereit, zu akzeptab-
len Konditionen im Bereich der groben Fahrlässigkeit zu versichern. So wird
z. B.das, was das Landgericht München in tatsächlicher Sicht festgestellt hat,
nach den wiederholten klaren Hinweisen darauf, dass es sich hier um grob fahr-
lässige Verletzungen der Sorgfaltspflicht des Geschäftsleiters handelt, in Zukunft
mit einiger Sicherheit nicht mehr vom Versicherer getragen werden. Da nützt
die D&O-Versicherung nichts mehr.

Hülsberg:

Nachdem Sie schon gesagt haben, dass ich fast der bessere Ansprechpartner bin,
haben Sie die Antwort dann auch gleich selbst gegeben. Von meiner Seite:
Nothing to add.

Ich möchte aber noch einmal auf das Thema China von Herrn Großfeld und die dortige Geschäftskultur zurückkommen. Nehmen wir den folgenden Fall: Wenn ich in China einen Geschäftsmann besteche, dann liegt nach deutschem Recht nach § 299 Abs. 3 StGB der Tatbestand der Bestechung im geschäftlichen Verkehr im Ausland vor, der in Deutschland strafbar ist. Jetzt wieder eine Frage an Herr Prof. Merkt: Wie genau wird ein solcher Straftatbestand dann behandelt? In China werde ich nämlich für diese Bestechung auch nach chinesischem Recht bestraft. Dort werden mittlerweile Geschenke, die einen Gegenwert von umgerechnet 25 Euro überschreiten, mittlerweile von den chinesischen Behörden als Bestechung geahndet. Werde ich in so einem Fall doppelt bestraft, weil ich mich nach § 299 Abs. 3 StGB in Deutschland strafbar gemacht habe und nach chinesischem Recht ebenfalls? Gehe ich dann zweimal ins Gefängnis?

Gleichzeitig möchte ich mich noch dem Thema Kulturexport zuwenden. Deutsche Unternehmen müssen sich die Frage stellen, ob sie unseren deutschen Rechtsrahmen und unser Verständnis von rechtlich und ethisch einwandfreiem Handeln ins Ausland exportieren wollen. Die Frage stellt sich natürlich auch in anderen Ländern. Nehmen wir mal einen skandinavischen Konzern. Wenn Sie in Deutschland eine Hauptversammlung besuchen, dann beginnt diese mit einem Bericht des Vorstandes über die Aktivitäten und die Zahlen des abgelaufenen Geschäftsjahres. Danach kommt der Ausblick auf das folgende Jahr und weitere Finanzdaten. Wissen Sie, womit eine skandinavische Aktiengesellschaft ihre Hauptversammlung beginnt? Mit Arbeitssicherheit. Es wird berichtet, wie viele Arbeitsunfälle geschehen sind und welche Maßnahmen das Unternehmen im Bereich der Arbeitssicherheit ergriffen hat. Vor allem für solche Unternehmen existiert die Frage, ob man seine Vorstellungen von Arbeitnehmerrechten und von Arbeitssicherheit in ein anderes Land exportieren kann und soll. In dem konkreten skandinavischen Unternehmen musste man sich auch mit der Tochtergesellschaft Mexiko befassen, wo Vorstellungen von Arbeitssicherheit und Arbeitnehmerrechten nicht durchgesetzt werden konnten, weil es zum einen nicht von dem Arbeitnehmern erwartet wurde und zum anderen dort keinen Geschäftsleiter gefunden werden konnte, der sich zu einer Durchsetzung solcher harter Standards bereit erklärt hätte. Es stellt sich also die Frage: Wie weit fasse ich Compliance und exportiere ich das Verständnis der Muttergesellschaft ins Ausland? In dem konkreten Fall war dann tatsächlich die Konsequenz, dass sich der Konzern aus Mexiko als Produktionsstandort zurückgezogen hat.

Jetzt hatten Sie noch Zeit zum Nachdenken – werde ich zweimal ins Gefängnis gehen?

Kirsch:

Wobei ich für die Frage noch unterstellen möchte, dass der Betrag größer als 25 Euro ist.

Merkt:

Herr Hülsberg, kurz zu Ihrer Beruhigung: Wenn im Ausland wegen demselben Sachverhalt und derselben Straftat eine Strafhaft abgesessen wurde, wird das in Deutschland in aller Regel anrechnet. Also müssen Sie nicht die ganze Strafe doppelt absitzen.

Kirsch:

Ich weiß nicht, ob das jetzt wirklich beruhigt, Herr Hülsberg. Ich habe eine Frage zum Bereich der Datensicherheit, die ich gerne an Herrn Böhme, aber vielleicht auch an Herrn Hülsberg stellen möchte. Gerade für mittelständische Unternehmen stellt sich hier ganz massiv das Problem, wie eine hinreichende Datensicherheit hergestellt werden kann. Die Frage des „Datenklaus" oder des Angriffs, der dann vielleicht auch gar nicht festgestellt wird, ist glaube ich etwas, was den Mittelstand sehr stark bewegt. Gibt es eine Einschätzung von Ihrer Seite, wie es um dieses Thema bestellt ist?

Böhme:

Datensicherheit ist ein schwieriges Problem. Dessen sind wir uns alle bewusst. Die grundsätzliche Frage ist immer: Gegen wen wollen wir Sicherheit erreichen? Das bezeichnen wir in der technischen Forschung dann als ein sog. „Angreifermodell". Hier spezifizieren wir sehr genau, was die Gegenseite leisten kann. Wenn wir mögliche Angreifer ganz grob differenzieren, dann kann man als erstes versuchen, Datensicherheit gegen private Spione – sagen wir mal Ex-Partner usw. – zu erreichen. Die nächste Stufe wäre Datensicherheit im geschäftlichen Bereich gegenüber einem Konkurrenten, wie einem anderen mittelständischen

Unternehmen, zu erlangen. Noch versiertere Angreifer sind Cyber-Kriminelle, die ihre Angriffe aus meiner Sicht sehr spezialisiert und arbeitsteilig durchführen. Staatlichen Spione stellen sicherlich die größte Herausforderung dar.

Ich denke, eine ganz ehrliche Antwort zu der Frage, gegen welche Angreifer man Sicherheit erlangen kann, ist: Wirkliche Sicherheit mit technischen Maßnahmen lässt sich für Unternehmen wohl höchstens gegenüber den Cyber-Kriminellen erreichen. Wir müssen uns wohl damit abfinden, dass man in dem Fall, in dem Staaten Steuergelder verwenden, um massiv Unternehmen auszuspionieren, nicht von den Unternehmen erwarten kann, eine Selbstverteidigung aufzubauen. Diese sind dazu gar nicht in der Lage. Vielmehr muss Sicherheit gegen staatliche Spione auf einer sicheren Infrastruktur aufsetzen. Daher ist hier auch wieder der Staat in der Pflicht, mitzuhelfen und die Voraussetzungen für eine Abwehr gegen solche Angriffe zu schaffen.

Ein ganz einfaches Beispiel aus der Praxis zum Thema Datensicherheit ist folgendes: Wenn wir den Markt betrachten, bemerken wir, dass die Informationstechnik, die man heute kaufen kann, inhärent unsicher ist. Viele Produkte sind so entwickelt, dass sie allen Prinzipien widersprechen, die ein Ingenieur für IT-Sicherheit lernt. Nur bei ganz wenigen Speziallösungen wurde das informationstechnische System so entworfen, dass es von vornherein auf die IT-Sicherheit bedacht ist. Dann sprechen wir aber nicht von komplizierten und umfangreichen IT-Systemen, sondern von Maßnahmen wie Zugangskartsystemen oder ähnlichem, bei denen das Design wirklich sicherheitsorientiert modelliert werden kann. Für alle anderen Bereiche sehe ich zumindest gegen starke Angreifer für Unternehmen sehr begrenzte Möglichkeiten, Datensicherheit herzustellen.

Kirsch:

Herzlichen Dank. Das macht uns natürlich sehr nachdenklich.

Hülsberg:

Ich finde die Frage spannend und habe aber leider keine Antwort. Die Frage ist ja wirklich: Wie oft und wie professionell wird ein Unternehmen angegriffen? Dafür gibt es sog. Intrusion Detection Systeme. Mit diesen lässt sich sehen, wie oft und auf welchem Wege man angegriffen wurde. Große Unternehmen führen daher Statistiken über die Art und den Umfang von Angriffen auf ihre Systeme. Wir hatten kürzlich ein Gespräch mit dem Leiter der IT bzw. Anti-Cyber-Crime-Einheit eines DAX 30-Konzerns, der berichtete, dass die Systeme des Unternehmens im Schnitt 3.000-mal pro Tag qualifiziert angegriffen werden. Ich fände es spannend, diese Zahlen und die Angriffsmuster nicht nur für dieses eine Beispiel, sondern branchenübergreifend und auch den Mittelstand umfassend zu bekommen und analysieren zu können, um entsprechende Sicherheitsmaßnahmen daraus ableiten zu können. Als kleine Analogie dazu: Wenn ich in den Boxring muss, dann kämpfe ich mit einem Mundschutz. Wenn ich den Bundespräsidenten bewache, dann ziehe ich eine kugelsichere Weste an. Wenn ich permanent beschossen werde, dann setze ich mich irgendwann in ein gepanzertes Fahrzeug. Das soll sagen, dass Sicherheitsmaßnahmen natürlich sehr unterschiedlich sein können. Ein Mittelständler hat eine Firewall und einen normalen Virenscanner und lebt damit. Wenn Sie aber permanent angegriffen werden, rüsten Sie natürlich dagegen auf. Dass es bei einem DAX 30-Unternehmen wirklich mal gelingt, durch die verschiedenen Firewalls und sonstigen Sicherungsmaßnahmen zu kommen, ist extrem selten. Meiner Meinung nach müsste es aber für solche Angriffe aus folgendem Grund eine Meldepflicht geben: Aus jedem Angriff lernt das Unternehmen dazu. Wenn andere Unternehmen dann ebenfalls aus so einer Meldung erfahren könnten, wie der Angriff und die Verteidigungslinie aufgebaut waren und ob die Verteidigungslinie funktioniert hat oder nicht, dann wäre das natürlich für andere Unternehmen ein hervorragender Schutz durch den damit einhergehenden Lerneffekt. Deswegen denke ich, dass dieses IT-Sicherheitsgesetz mit der Abdeckung von nur systemrelevanten Netzbetreibern ein bisschen kurz greift.

Haselhof:

Ich habe jetzt keine Frage, aber einen Beitrag zu der Diskussion. Das ganze Thema, mit dem wir uns heute befassen, ist Risikovermeidung und Risikomanagement. Natürlich hören wir auch als Mittelständler in allen Foren und Tagungen, dass wir permanent angegriffen werden. Die meisten Angriffe haben ihren Ursprung in Russland und China, weil diese Länder hohe Steuereinnahmen dafür verwenden, ausländische Unternehmen auszuspionieren. Für diese Länder ist eine solche Spionage nichts Verwerfliches, sondern dient der Förderung der eigenen Wirtschaft. Aber für das eigene Unternehmen muss ich sehr genau das wissen, was Dr. Hülsberg gerade gesagt hat: Wie viele Angriffe auf mein System habe ich denn am Tag? Liegt wirklich ein Risiko vor? Finden Angriffe auf mein System überhaupt statt? Sowas wird im Mittelstand auch gerne mal in dem Glauben beiseitegeschoben, dass man nicht angegriffen wird, und daher z. B. nicht in eine Analyse investiert, mit welchem man die Anzahl der Angriffe pro Tag erkennen kann. Wir bei CLAAS liegen bezüglich der Unternehmensgröße zwischen den Kategorien Mittelstand und Konzern, da wir erst auf dem Weg sind, ein Konzern zu werden. Aber wir haben tatsächlich in den letzten zwei Jahren aufgrund dieser Problematik und Thematik auch Funktionen zur Herstellung von IT-Sicherheit geschaffen bzw. einen IT-Sicherheitsmanager eingestellt. Dann kann man jetzt auch als Revisionsleitung sehen, dass das System durch ein Durchspielen von Benutzernamen und Passwörtern heute wieder aus Südkorea angegriffen wurde und der Angriff nur abgewehrt werden konnte, weil die User tatsächlich sichere Passwörter vergeben haben. Das ist aus meiner Sicht wieder auch der Dreh- und Angelpunkt des ganzen Compliance-Themas: Sensibilisierung. Sie können technisch aufrüsten, in welchem Maße Sie wollen, aber jemand hat sicherlich schon die Nase vorn. Sie können weiter nachrüsten, aber Sie haben immer Lücken in Ihrem System. Ein Kernelement im Bereich Compliance ist und bleibt die Sensibilisierung der Mitarbeiter. Schließt ein Mitarbeiter einen USB-Stick an seinen PC an, den er auf dem Parkplatz findet, um zu gucken, was denn auf diesem enthalten ist, dann können Sie schon einen Trojaner im System haben. Auch bei Passwörtern ist eine Sensibilisierung notwendig. Man denkt immer, dass man natürlich ein sicheres Passwort hat. Aber bei diesem Thema sind immer auch Hinweise zu geben, was jetzt wirklich sichere Passwörter sind oder was es überhaupt für Programme gibt, die einfach innerhalb kürzester Zeit 5 Milliarden Silben und Zahlen kombinieren und nach 10 Sekunden Ihr Passwort geknackt haben, wenn es ein ganz normales Wort oder der Name Ihrer Frau ist. Beispielsweise mit Erkennungsprogrammen kann man Risiken auch viel plastischer darstellen und den Mitarbeitern an die Hand geben: Pass auf, wir haben wirklich konkrete Sachverhalte bei uns im Unternehmen. Wir hatten z. B. in unserem System letztens einen Gast aus Vietnam, der sich zwei Tage lang bei uns aufgehalten hat. Das macht natürlich große Bedenken.

Kirsch:

Herzlichen Dank für die Gastfreundschaft gegenüber dem vietnamesischen Gast. Herr Böhme, ich weiß jetzt nicht, ob Sie zur Beruhigung, aber vielleicht doch ein wenig zur Aufklärung beitragen können.

Böhme:

Ich versuche es erst mal mit der Beruhigung. Ich denke, wir sollten diese Zahlen, die aus Intrusion Detection Systemen berichtet werden, nicht überbewerten. Die IT-Sicherheitsindustrie hat erstens ein Interesse, dass diese Zahl hoch erscheint, und zweitens sind die meisten dieser Tausenden von Angriffen völlig automatisiert. Hier müssen wir uns einfach vergegenwärtigen, dass die IT-Technologie uns in den letzten 20 Jahren enorme Produktivitätsschübe in der gesamten Wirtschaft gebracht hat, weil wir plötzlich automatisieren können. Natürlich haben die Angreifer das aber auch gelernt. Um wieder auf das Beispiel von Frau Haselhof einzugehen, heißt das, dass Programme automatisiert bekannte Nutzernamen und Passwortkombinationen gegen alle auffindbaren IP-Adressen zufällig und breit gestreut ausprobieren. Wie viele Angriffe auf Ihr System Sie letztendlich sehen, hängt im Wesentlichen von dem technischen Merkmal ab, mit wie vielen IP-Adressen Sie als Unternehmen im Internet sichtbar sind. Die Anzahl der Angriffe hat also weniger mit der Unternehmensgröße, aber ein bisschen mit Ihrer Netzwerkarchitektur zu tun. Was ich damit sagen will: Die Anzahl der Angriffe ist völlig irrelevant für Ihre Bedrohung. Für Ihre Bedrohung zählt der eine oder andere Angriff, der sich in den tausenden oder zehntausenden versteckt, der eben gezielt gegen Sie vorgeht. Meiner Ansicht nach sind das die für Sie relevanten Angriffe. Von durch Erkennungssysteme ermittelten Zahlen und dem Vergleich von technischen Angriffsindikatoren generell kann ich deshalb nur abraten. Mit anderen Worten, der Beruhigungsteil an meiner Ausführung ist: Denken Sie nicht, dass tatsächlich 3.000 Personen Zeit investiert haben, um Ihr spezifisches Unternehmen zu kompromittieren und dann auch noch in der Lage wären, die dort gefunden Daten zu kapitalisieren. Das ist nicht der Fall. Man darf die Gefahr aber nicht herunterspielen und muss die wenigen Angriffe erkennen, die gefährlich werden können.

Bittner:

In den letzten Jahren sind Cloud-Lösungen für kaufmännische Verarbeitung sehr viel stärker geworden, sodass heute nicht nur IT-Leistungen angeboten werden, sondern auch virtuelle Telefonanlagen oder ähnliches. Inwieweit hat sich hier auch das Risiko für Unternehmen ausgeweitet, da z. B. nicht bekannt ist, wo sich Daten befinden?

Böhme:

Guter Punkt. IT ist eine sehr komplexe Materie und ich denke, dass insb. kleine Unternehmen kaum in der Lage sind, ihre eigene IT zu beherrschen oder die Spezialisten zu rekrutieren und mit Angeboten zu versehen, um ihre IT zu beherrschen. Das heißt, wenn man ein kleines Unternehmen betrachtet, könnte, unabhängig von wirtschaftlichen Aspekten, die Auslagerung an einen vertrauenswürdigen Dienstleister durchaus mit Sicherheitsgewinnen verbunden sein. Natürlich ist die Bedingung dafür, dass die Cloud-Lösung vertrauenswürdig ist. Vertrauenswürdigkeit ist aber in der IT sehr schwer nachzuweisen. Wir betreiben auch im Moment mit mehreren Partnern ein Forschungsprojekt, in dem wir versuchen, Kennzahlen zu entwickeln, mit denen Cloud-Nutzer grob abschätzen können, ob bestimmte Mindeststandards bei der Auslagerung in die Cloud erfüllt sind.[1]

Aber ich möchte vielleicht noch kurz zwei andere Dimensionen zu diesem Thema erwähnen. Wenn Sie in eine Cloud auslagern, ist immer eine Frage, wie tief dieses geschieht, also welche Teile Ihrer IT Sie dorthin verlagern. Es gibt den Begriff Cloud, aber dieser hat unzählig viele Schattierungen. Wenn Sie so wollen, haben vermutlich die meisten hier im Raum seit den 1980er Jahren Cloud-Lösungen benutzt, indem sie die Lohnbuchhaltung zu Datev ausgelagert haben. Das war und ist technisch nichts anderes als eine Cloud-Lösung, es wird jetzt nur anders bezeichnet. Der andere Punkt ist, dass bei dem Cloud-Gedanken natürlich auch immer die rechtliche Seite eine Rolle spielt. Die internationalen oder die grenzüberschreitenden Dimensionen von datenschutzrechtlichen Themen oder auch eben Haftungsfragen, wenn etwas schiefgeht, darf man nicht außer Acht lassen.

---

1 Es handelt sich um das vom BMBF geförderte Projekt „VeriMetrix", siehe: http://verimetrix.de

Um vereinfacht auf Ihre ursprüngliche Frage eine Antwort zu geben: Ich denke, dass sich die meisten kleinen Unternehmen im Bereich IT-Sicherheit verbessern würden, wenn sie einen vertrauenswürdigen deutschen Cloud-Anbieter fänden, der ihnen eine Cloud-Lösung zu einem Preis auf dem Niveau der Kosten für eine eigene IT-Abteilung anböte. Sie bekommen keine perfekte Sicherheit, aber es ist vermutlich besser als ein mittelmäßig gemanagtes internes Netzwerk. Der Markt von deutschen Cloud-Anbietern ist aber recht eng. Wenn Sie z. B. zu T-Systems auslagern wollen, dann erhalten Sie als kleines Unternehmen wahrscheinlich kein Angebot, da Sie nicht groß genug sind, um ein lohnenswerter Kunde zu sein.

Budde:

Ich bin Wirtschaftsprüfer und auch Mitglied des Arbeitskreises zum IDW PS 980 „Prüfung von Compliance Management Systemen". Aus diesem Bereich stammt meine Frage: Wir haben natürlich Diskussionen mit mittelständischen Vertretern gehabt, ob und wie Compliance-Systeme im Mittelstand zur Anwendung kommen sollen. Da stellte sich immer wieder die Frage nach der Verantwortung für Compliance-Systeme und des Risikomanagements. Das ist ja häufig der Anlass, dass man sich überhaupt mit dem Thema Compliance beschäftigt. Die Frage, die sich mir zumindest nach den Vorträgen von heute Vormittag stellt, ist die folgende: Kann man durch die Rechtsformwahl sich zumindest ein Stück weit vor der Verantwortung hinsichtlich nicht oder mangelhaft eingerichteter Compliance-Systeme schützen? Die Frage meine ich vor dem Hintergrund, dass Sie sagten, dass zwar der Geschäftsleiter grundsätzlich für die Frage verantwortlich ist, ob Rechtsvorschriften anzuwenden sind. Aber bei der Frage seiner Verantwortung, die er am Ende von juristischer Seite betrachtet trägt, mag natürlich die Frage im Raum stehen, ob die Rechtsformwahl einer Aktiengesellschaft die schlechtere Wahl vor dem Hintergrund sein könnte, dass er im Zweifel weniger Haftungsrisiken trägt, wenn er einer oHG vorstehen würde. Damit verbunden wäre für mich auch umgekehrt eine andere Frage: Könnte es auch nach dem heutigen Rechtverständnis schon eine Situation geben, in der eine mittelständische Gesellschaft, z. B. in der Rechtsform einer GmbH, die in einem vergleichsweise komplexen Umfeld tätig ist in dem man im Kontext einer Aktiengesellschaft ein entwickeltes Compliance Management System und Überwachungssystem voraussetzen würde, sich vielleicht sogar jenseits der Geschäftsführung auch für die Gesellschafter eine Haftungssituation ergeben könnte, weil gewisse Überwachungselemente nicht eingerichtet worden sind? Möglicherweise wurde z. B. in Beirat oder ein Aufsichtsrat nicht eingerichtet und es hat sich insoweit in einer Schadenssituation auch ein Personenkreis – nämlich in diesem Kontext vielleicht die Gesellschafter – einer Haftung ausgesetzt, die heute vielleicht in dem Sinne noch gar nicht so erkennbar ist.

Merkt:

Ich glaube, dass unter dem Strich die Wahl der Rechtsform nicht so erheblich für das Paket an Pflichten ist, welches die Geschäftsleitung betrifft. Wenn Sie die Situation zwischen einer großen Aktiengesellschaft auf der einen Seite und der oHG auf der anderen Seite vergleichen wollen, dann haben Sie in der Aktiengesellschaft den Aufsichtsrat. Der Aufsichtsrat erfüllt im Rahmen der Compliance eine wichtige Aufgabe, aber dass er den Vorstand in dem Sinne entlasten würde, Dinge nicht tun zu müssen, die in der GmbH die Geschäftsleitung tun müsste, das würde ich nicht so sehen. Sie haben in der großen börsennotierten AG natürlich auch einen viel größeren Bereich zu überwachen bzw. in einem viel größeren Bereich darauf zu achten, dass die Normen befolgt werden. Das ist bei der kleinen oHG ganz eindeutig weniger. Umgekehrt liegen in der oHG alle Kompetenzen und Verantwortlichkeiten bei der Geschäftsführung. Die Geschäftsführung wird in der Regel ganz persönlich alle Prüfungen und alle Überwachung selber durchführen müssen. In einer oHG wird keine Compliance-Abteilung existieren, sondern es sind die Geschäftsführer alleine dafür verantwortlich, dass in dem Unternehmen alles mit rechten Dingen zugeht. Zudem kommt es ganz wesentlich auf die Aufgabenverteilung an. Natürlich können Sie in der GmbH einen Beirat gründen. Dann wird das aktienrechtliche Modell zu einem gewissen Grade substituiert. Der Beirat erfüllt die Aufsichtsratsfunktion und überwacht zusammen mit den Gesellschaftern die Geschäftsführung der GmbH. Auch in diesem Fall bleibt es aber dabei, dass die Geschäftsführung die Verantwortung für die Compliance trägt. Ob sie die Erfüllung der Compliance-Pflicht selbst übernimmt oder jemandem anderen, etwa einem Mitarbeiter überträgt, das muss sie selbst entscheiden. Die eigentliche Compliance-Verantwortung im Sinne einer „Rest-Verantwortung" bleibt aber bei der Geschäftsführung. Wenn die Gesellschafter in der GmbH diese Aufgabe der Compliance-Pflichterfüllung an sich selbst ziehen, was ich keinem Gesellschafter empfehlen würde, dann übernehmen sie eine Verantwortung, die sie sonst nicht hätten. Anders liegt es, wenn die Geschäftsführung zulässigerweise einem externem Geschäftsführer übertragen wird, der kein Gesellschafter ist. Die Gesellschafter haben dann nur die Verpflichtung einzuschreiten, wenn ihnen Verdachtsmomente zur Kenntnis kommen. Denn in dieser Situation ist es die Aufgabe der externen Geschäftsführung, die Compliance-Pflicht zu erfüllen. Man kann also bestimmte Parameter oder bestimmte Organe nutzen, um die Aufgaben anders zu verteilen. Aber dass man abgesehen von den Kriterien wie Größe, Branche und geografische Orientierung, die ich in meinem Vortrag genannt habe, in einem bestimmten Modell mehr oder weniger Pflichten hätten, würde ich verneinen. Das ist wohl auch die Erkenntnis, die man langsam gewinnt: Es ist keineswegs so, dass Compliance etwas für die große börsennotierte Aktiengesellschaft ist, sondern Compliance muss grundsätzlich überall gewährleistet sein, auch in der kleinen Personenhandelsgesellschaft, natürlich in einem anderen Maßstab, aber dass es in einem Unternehmen überhaupt keine Compliance geben müsste, nur weil es sich um eine kleine oHG handelt, das wäre sicher ein großer Irrtum.

Hülsberg:

Eine Ergänzung noch: Also ich sehe schon einen Unterschied bei der GmbH, weil es bei der GmbH als Geschäftsführer, also als Originärverpflichteter, immer die Möglichkeit gibt, einen Gesellschafterbeschluss, also eine Weisung von den Gesellschaftern, einzufordern. Das betrifft nicht Weisungen für rechtswidriges Verhalten, d. h. ich kann mich nicht enthaftend anweisen lassen, z. B. Antikorruptionsgesetze zu missachten. Aber im Rahmen dessen, wie ich die Organisation ausgestalte, kann ich mir als Geschäftsführer durchaus einen Gesellschafterbeschluss und eine Gesellschafterweisung besorgen, die mich dann zumindest nach innen von Schadenersatzansprüchen freistellt.

Merkt:

Das ist richtig, allerdings bleibt es dabei, dass die Geschäftsführung wachsam bleiben muss. Das heißt auch dann, wenn die Gesellschafter eine bestimmte Konstruktion gewählt haben und es zu Compliance-Verstößen kommt, wird immer gefragt werden: Hatte die Geschäftsführung davon Kenntnis? Hätte sie davon Kenntnis haben müssen? Und: Hätte sie es verhindern können oder sogar müssen? Also ich wäre hier vorsichtig. Ich würde die Compliance-Pflicht nicht prinzipiell abhängig von der Rechtsform machen wollen.

Kirsch:

Ich glaube, zu diesen Themen gibt es noch einigen Diskussionsbedarf. Ich hatte auch noch einige Wortmeldungen, bitte aber mit Rücksicht auf die Zeit darum, dass ich diese Diskussionen gerne örtlich und zeitlich verlagern möchte – natürlich in die Mittagspause, aber auch in den heutigen Nachmittag, wo wir auch noch einen größeren Diskussionsslot haben. Jetzt möchte ich zunächst ganz herzlich den Referenten und Diskutanten des heutigen Vormittags danken.

Stefan Schmidt

Prüfung von Compliance Management Systemen durch Wirtschaftsprüfer

WP/StB Dr. Stefan Schmidt
Partner, PwC AG, Vorsitzer des HFA des IDW
und des Arbeitskreises Prüfungsfragen und betriebswirtschaftliche Fragen
zu Governance, Risk und Compliance des IDW

Vortrag, gehalten am 05. Juni 2014 auf dem
29. Münsterischen Tagesgespräch
„Mittelstand im Blick:
Compliance und Risikomanagement"

Gliederung:

1 Einleitung

Das Thema dieses Vortrags lautet „Prüfung von Compliance Management Systemen durch Wirtschaftsprüfer". Um in die Thematik einzuführen werden zunächst die Ergebnisse einer empirischen Untersuchung zur Wirtschaftskriminalität in Deutschland und zur Bedeutung von Compliance-Programmen in der Wirtschaft präsentiert. Anschließend werden die diesbezüglichen Pflichten der Unternehmensorgane dargestellt, um dann auf bestimmte Aspekte der Durchführung von Prüfungen von CMS einzugehen.

Es wäre aber nicht notwendig, sich so intensiv mit dem Thema Compliance zu befassen, wenn Wirtschaftskriminalität oder wirtschaftskriminelle Handlungen gar keine Bedeutung hätten. Um Art und Ausmaß dieses „Problems" in Deutschland zu beschreiben, werden zunächst die Ergebnisse einer Studie vorgestellt, die die Universität Halle-Wittenberg zusammen mit PwC durchgeführt hat.[1] Dort geht es um den aktuellen Status der Wirtschaftskriminalität in Deutschland. Diese Studie wird seit 2005 in einem zweijährigen Turnus durchgeführt, sodass die Ergebnisse der Studie mittlerweile im Zeitablauf miteinander verglichen werden können. Dies bietet einen guten Einstieg in das Thema der Compliance-Programme.

2 Wirtschaftskriminalität in Deutschland

Kurz zum Hintergrund der Studie „Wirtschaftskriminalität und Unternehmenskultur 2013": Im Jahr 2013 sind 603 Unternehmen (mit mehr als 500 Beschäftigten) durch TNS Emnid befragt worden. Dabei wurden nachgewiesene Straftaten im weitesten Sinne, aber auch konkrete Verdachtsfälle, erfasst, die in diesen Unternehmen in den letzten zwei Jahren vorgekommen sind. Gefragt wurden zumeist führende Mitarbeiter aus der Rechts- oder Finanzabteilung oder auch aus den Compliance-Bereichen der Unternehmen. 22 Prozent der Befragten kamen aus Unternehmen mit mehr als 10.000 Beschäftigten, 10 Prozent der Befragten aus Unternehmen mit 5.000 bis 10.000 Beschäftigten, 40 Prozent der Befragten aus Unternehmen mit 1.000 bis 5.000 Beschäftigten. 28 Prozent der

---

[1] Vgl. auch zu den im Folgenden dargestellten Studienergebnissen: BUSSMANN, K./NESTLER, C./SALVENMOSER, S., Wirtschaftskriminalität und Unternehmenskultur 2013.

Befragten zählen zu den mittelständischen Unternehmen mit 500 bis 1.000 Mitarbeitern. Mit Hilfe dieser Informationen können die im Folgenden dargestellten Antworten besser eingeordnet werden.[2]

Die gute Nachricht nach der Auswertung der Ergebnisse ist, dass die Wirtschaftskriminalität in Deutschland zurückgegangen ist. Das hatte sich schon vor einigen Jahren angedeutet. Es ist darüber diskutiert und spekuliert worden, was die Gründe hierfür sind. Ein wenig liegt es an dem sog. Kontrollparadoxon. Als Compliance ab den Jahren 1998, 1999 oder 2000 „en vogue" war, als alle Unternehmen, Wirtschaftskanzleien und Wirtschaftsprüfer anfingen über Compliance zu sprechen, haben viele Unternehmen erst angefangen, Compliance-Beauftragte einzustellen und sich strukturiert mit dem Thema zu beschäftigen. Diese Beschäftigung hat dazu geführt (vgl. die Ergebnisse der Studien aus den Jahren 2005 und 2007), dass viele Verdachtsfälle oder konkrete Verstöße aufgedeckt worden sind, was die Statistik zunächst verschlechtert hat. In den Jahren 2005, 2007 und 2009 gab es eine negative Entwicklung der Wirtschaftskriminalität nach den Ergebnissen der entsprechenden Studien. Seitdem ist eine Verbesserung feststellbar, die darauf zurückgeführt werden kann, dass heutzutage Compliance-Systeme etabliert sind und das Kontrollparadoxon nicht mehr wirkt. Das ist eine kleine Relativierung der guten Nachricht. Der Grundsatz bleibt aber bestehen: 600 Unternehmen berichten im Durchschnitt von einem Rückgang von festgestellten Straftaten und Verdachtsfällen. Die folgende Abbildung 1 zeigt den Rückgang der Kriminalitätsbelastung seit 2009:

---

2   Vgl. zum methodischen Vorgehen der Studie BUSSMANN, K./NESTLER, C./SALVENMOSER, S., Wirtschaftskriminalität und Unternehmenskultur 2013, S. 12 f.

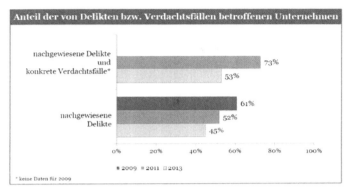

Abb. 1:   *Entwicklung der Kriminalitätsbelastung seit 2009 – Kriminalität trifft Unternehmen seltener[3]*

In Abb. 2 ist eine Verteilung der vermuteten und tatsächlichen wirtschaftskriminellen Aktivitäten von 2009 bis 2013 in Unternehmen abgebildet.

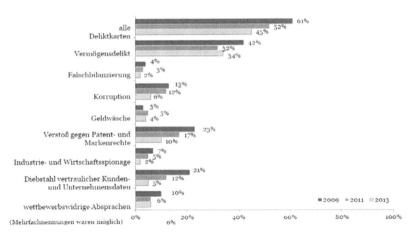

Abb. 2:   *Verteilung der Deliktarten 2009 bis 2013 – Vermögensdelikte dominieren[4]*

---

3   Abbildung in Anlehnung an BUSSMANN, K./NESTLER, C./SALVENMOSER, S., Wirtschaftskriminalität und Unternehmenskultur 2013, S. 16-18.

111

Hier stellt sich diese eben genannte positive Entwicklung etwas differenzierter dar. Besonders deutlich ist die Rückläufigkeit von wirtschaftskriminellen Handlungen bei den Patent- und Markenrechtsverletzungen zu sehen, ebenso im Fall von Diebstahl vertraulicher Kunden- und Unternehmensdaten.

Der durchschnittliche direkte finanzielle Schaden pro Wettbewerbsdelikt liegt bei 20 Millionen Euro, im Bereich Geldwäsche liegt der durchschnittliche Schaden des einzelnen Falls bei 7 Millionen Euro, bei reinen Vermögensdelikten, Unterschlagungen usw. bei 1,5 Millionen Euro. Bei den Wettbewerbsverstößen wird diese Zahl vor allen Dingen auch über die hohen Bußgelder, die in diesem Zusammenhang verhängt werden, mitbestimmt. Neben den direkten finanziellen Schäden berichten die Unternehmen von indirekten Schäden, die vor allem aus Reputationsverlusten bestehen, wie die folgende Abb. 3 zeigt.

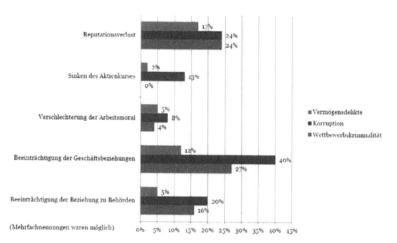

Abb. 3: *Indirekte Schäden durch Vermögensdelikte, Kartellrechtsverstöße und Korruption*[5]

---

4   Abbildung in Anlehnung an BUSSMANN, K./NESTLER, C./SALVENMOSER, S., Wirtschaftskriminalität und Unternehmenskultur 2013, S. 17.

5   Abbildung in Anlehnung an BUSSMANN, K./NESTLER, C./SALVENMOSER, S., Wirtschaftskriminalität und Unternehmenskultur 2013, S. 69.

Konkret bezieht sich dies auf das Sinken des Aktienkurses, die Verschlechterung der Arbeitsmoral (vor allen Dingen auch dann, wenn Managementmitglieder in solche Fälle verwickelt waren und das bekannt wird) sowie die Beeinträchtigung von Geschäftsbeziehungen und von Beziehungen zu Behörden. Als weitere Belastungen im Unternehmen sind hier zu nennen: Zeitaufwand für das Management und für die Public-Relations-Abteilungen, Rechtsstreitigkeiten, die in dem Zusammenhang auszufechten sind, aber auch die zunehmende Überwachung durch Behörden bei festgestellten Verstößen. Daher darf nicht nur auf die direkten finanziellen Belastungen geschaut werden. Auch die indirekten und weiteren Belastungen für das Unternehmen durch wirtschaftskriminelle Handlungen sind immens.

3 Prävention durch Compliance-Programme

Aus den im vorangegangenen Abschnitt genannten Gründen ist es nicht verwunderlich, dass Unternehmen vor dem Hintergrund solcher Erkenntnisse und Erwartungen versuchen, das Thema proaktiv anzugehen. Daher ist in der Studie auch gefragt worden: Hat Ihr Unternehmen bereits ein formales Compliance-Programm eingerichtet? Und auch hier ist eine positive Entwicklung zu erkennen 2007 hatten noch 41 Prozent der Befragten angegeben, ein Compliance-Programm eingerichtet zu haben. Diese Zahl stieg auf 52 Prozent in 2011. Im Moment wird über alle Unternehmensgrößen hinweg von 74 Prozent der Befragten angegeben, dass Compliance-Programme eingerichtet sind.[6] Das ist ein sprunghafter Anstieg im Vergleich mit den Zahlen von 2011. Dieser Effekt wurde von den Autoren der Studie weiter hinterfragt: Welche sind die auslösenden Faktoren für die Einrichtung von Compliance-Programmen? Die Antworten hierauf werden in der folgenden Abb. gezeigt:

---

6   Vgl. BUSSMANN, K./NESTLER, C./SALVENMOSER, S., Wirtschaftskriminalität und Unternehmenskultur 2013, S. 28.

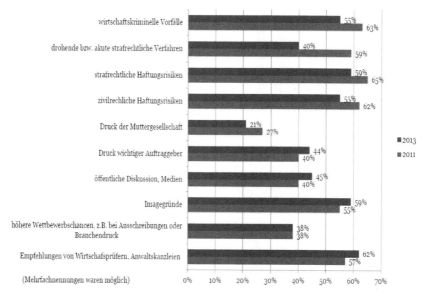

Abb. 4: *Wahrscheinliche Gründe für die Einführung eines Compliance-Programms[7]*

Bei den Antworten ist der Hinweis auf wirtschaftskriminelle Vorfälle im eigenen Unternehmen relativ stark ausgeprägt, aber leicht rückläufig: 63 Prozent in 2011, 55 Prozent in 2013. Es werden auch drohende Verfahren und die Angst vor strafrechtlichen oder zivilrechtlichen Konsequenzen genannt, aber auch, dass über Muttergesellschaften, d. h. über den Konzern, Einfluss ausgeübt wird. Auch viele Auftraggeber verlangen, dass Nachweise geführt werden, dass sich Unternehmensangehörige regelkonform verhalten. Ganz allgemein werden auch Imagegründe und die öffentliche Diskussion über Compliance genannt. Es gehört heutzutage eben gewissermaßen dazu, dass der Vorstand auf diese Themen achtet, und dieser in der Öffentlichkeit entstandenen Erwartungshaltung Rechnung trägt. Insoweit kann zusammengefasst gesagt werden, dass sich eine gewisse Eigendynamik entwickelt hat.

---

7   Abbildung in Anlehnung an BUSSMANN, K./NESTLER, C./SALVENMOSER, S., Wirtschaftskriminalität und Unternehmenskultur 2013, S. 17.

Eine wichtige Erkenntnis aus der Befragung war allerdings auch, dass die Compliance-Verantwortlichen der Auffassung sind, dass die Entwicklung eines technischen Compliance-Programms, das Aufsetzen von Maßnahmen, wie der Einrichtung einer Whistleblower-Hotline, alleine nicht ausreichen, sondern eine positive Compliance-Kultur voraussetzen. Hierzu gehören auch die Begriffe des Wertemanagements, des entsprechenden „Tone from the Top" und die Vorbildfunktion des Managements. Eine günstige Compliance-Kultur und mit Augenmaß geschnürte Maßnahmenpakete zusammen führen dazu, dass das Thema im Unternehmen akzeptiert wird, dass die „Policies and Procedures", die eingerichtet wurden, auch befolgt werden und die Wirtschaftskriminalität im Unternehmen zurückgedrängt wird.[8]

Es wurde bereits die Funktion des Compliance-Beauftragten angesprochen. Bei Unternehmen zwischen 1.000 und 5.000 Mitarbeitern gibt es im Durchschnitt mittlerweile zwei Vollzeitbeschäftigte, die sich ausschließlich mit Compliance-Themen beschäftigen sowie im Durchschnitt zusätzlich drei Teilzeitbeschäftigte. Bei Unternehmen mit mehr als 10.000 Mitarbeitern gibt es im Durchschnitt 25 Vollzeitbeschäftigte, die sich auf Compliance konzentrieren sowie 21 Teilzeitbeschäftigte. Dies vermittelt eine Vorstellung von der Größenordnung von Compliance-Abteilungen. Die Compliance-Beauftragten, wenn sie nicht in einem eigenen Bereich angesiedelt sind, sind organisatorisch eng mit der Rechtsabteilung, mit der Unternehmenssicherheit oder mit dem Risikomanagement verbunden. Alle Befragten lehnten es ab, dass Compliance-Beauftragte organisatorisch dem Vertrieb oder dem Einkauf zugeordnet werden.[9]

Die Studie hat sich auch mit dem Thema der Zertifizierung und Auditierung von Compliance-Programmen befasst. Im Rahmen der Studie ist in 2011 und in 2013 gefragt worden, wie bekannt der IDW PS 980 ist, in dem das Institut der Wirtschaftsprüfer die Anforderungen an CMS-Prüfungen festgestellt hat. Schon in 2011 war es recht erstaunlich, dass 40 Prozent der Befragten angaben, den IDW PS 980 zu kennen. In 2013 lag der Bekanntheitsgrad bereits bei 54 Pro-

---

8   Vgl. zu den Themen „Tone from the Top" und „Ethical Leadership" BUSSMANN, K./ NESTLER, C./SALVENMOSER, S., Wirtschaftskriminalität und Unternehmenskultur 2013, S. 50 f.

9   Vgl. BUSSMANN, K./NESTLER, C./SALVENMOSER, S., Wirtschaftskriminalität und Unternehmenskultur 2013, S. 29-31.

zent. Es haben 35 Prozent dieser gerade erwähnten 54 Prozent angegeben, sie seien bereits nach IDW PS 980 zertifiziert. Zum Bekanntheitsgrad von 54 Prozent ist noch interessant, dass bei Großunternehmen 61 Prozent mit Ja geantwortet haben, bei den kleineren Unternehmen waren es immerhin bereits 47 Prozent.[10] Der IDW PS 980 ist offensichtlich nicht nur interessant für große Unternehmen oder Unternehmen der Finanzbranche. Manche brachten den Standard in Verbindung mit einem Konzept, wie CMS eingerichtet werden, andere haben den IDW PS 980 mit der tatsächlichen Prüfungsleistung verbunden.

Neu war die Frage in 2013, wie viele Unternehmen ihr Compliance-System nach IDW PS 980 bereits zertifizieren ließen. An dieser Stelle ist die konsequente Nachfrage gewesen: Warum streben Unternehmen eine Auditierung bzw. Zertifizierung an? Auf diese Frage sind folgende Antworten gegeben worden: Signalfunktion an den Kapitalmarkt oder auch der Nachweis gegenüber dem Aufsichtsorgan, dass das Unternehmen den Deutschen Corporate Governance Kodex (DCGK) im Hinblick auf die Einrichtung von wirksamen Compliance-Maßnahmen beachtet. Weitere Antworten waren ein Compliance-Nachweis für Kunden und Lieferanten und eine erwartete Entlastung bei zivilrechtlichen Haftungsfragen sowie bei strafrechtlichen Risiken. Besorgniserregend ist der Hinweis vieler Befragter darauf, dass sie die Zertifizierung nach IDW PS 980 als Gütesiegel für die öffentliche Darstellung benutzen möchten.[11] Das ist etwas, das im Zusammenhang mit der Entwicklung von IDW PS 980 überhaupt nicht bezweckt wurde. Der IDW PS 980 war im Grunde zur Unterstützung des Managements und zur Berichterstattung an die Aufsichtsorgane entwickelt worden.

---

10 Vgl. BUSSMANN, K./NESTLER, C./SALVENMOSER, S., Wirtschaftskriminalität und Unternehmenskultur 2013, S. 76.
11 Vgl. BUSSMANN, K./NESTLER, C./SALVENMOSER, S., Wirtschaftskriminalität und Unternehmenskultur 2013, S. 77.

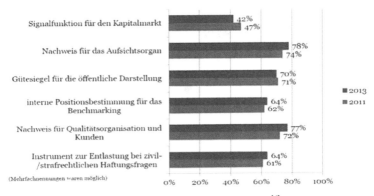

Abb. 5:   *Nutzen einer unabhängigen Auditierung*[12]

Der Markt für Zertifizierung im Bereich Compliance ist in Deutschland recht unübersichtlich. Es gibt branchenspezifische Initiativen; hier seien z. B. der Bundesverband Materialwirtschaft, der Gesamtverband der Versicherungswirtschaft GDV (dieser hat einen Verhaltenskodex herausgegeben), oder die Initiative Corporate Governance (ICG) in der Immobilienwirtschaft zu nennen. Diese Organisationen geben auch Hinweise heraus, wie eine Zertifizierung erfolgen kann. Darüber hinaus gibt es das DICO (Deutsches Institut für Compliance), in dem sich die Compliance-Verantwortlichen von größeren Unternehmen organisieren und überlegen, gemeinsame Standards auszuarbeiten. Weiterhin entwickelt die International Organization for Standardization (ISO) einen Standard für die Einrichtung von CMS. Es ist davon auszugehen, dass dieser innerhalb des nächsten halben Jahres herausgegeben wird. Schließlich gibt es noch reine Zertifizierungsorganisationen, wie den TÜV, die Zertifikate über die Einhaltung von Compliance-Anforderungen erteilen.

---

12 Abbildung in Anlehnung an BUSSMANN, K./NESTLER, C./SALVENMOSER, S., Wirtschafts-
    kriminalität und Unternehmenskultur 2013, S. 77.

4 Pflichten der Unternehmensorgane

Nach dem deutschen Corporate Governance-System sind die Vorstände verpflichtet, Risikomanagement-, Compliance- und interne Revisionssysteme einzurichten. Dies zählt zu ihrer Leitungsaufgabe nach § 76 Abs. 1 AktG. In § 107 Abs. 3 S. 2 AktG ist die Pflichtenlage eines vom Aufsichtsrat eingerichteten Prüfungsausschusses beschrieben, der überwachen muss, dass der Vorstand einer Aktiengesellschaft das Unternehmen so organisiert, dass Risiken (einschließlich Compliance-Risiken) erkannt und gemanagt werden. In Anlehnung an das House of Governance (gesehen beim Vortrag von Herrn Dr. Hülsberg) schließt sich die Frage an: Welche Unterstützung erhält der Aufsichtsrat bei der Überwachungsfunktion in diesen Bereichen derzeit durch die gesetzliche Abschlussprüfung? Es gibt hier große Erwartungs- und Informationslücken.

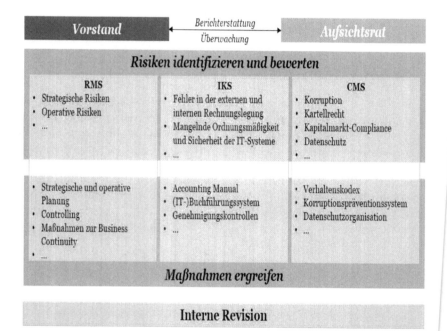

Abb. 6:   *Pflichten der Unternehmensorgane – Governance, Risk und Compliance*

Da es in diesem Zusammenhang so viele Missverständnisse gibt, sollen im Folgenden die Themenbereiche, die im § 107 Abs. 3 S. 2 AktG genannt werden und in Abb. 6 grafisch dargestellt wurden, erörtert werden: Rechnungslegungsprozess, internes Kontrollsystem auf die Rechnungslegung bezogen, Risikomanagementsystem, internes Revisionssystem sowie das CMS, welches allerdings explizit nur im DCGK genannt wird. Der Rechnungslegungsprozess wird beurteilt, soweit er Teil der Abschlusserstellung und der Lageberichtserstellung ist, um festzustellen, dass ordnungsgemäße Abschlüsse und Lageberichte aufgestellt werden. Dies gilt auch für das rechnungslegungsbezogene IKS, das soweit geprüft wird, wie es für die Beurteilung von Abschluss und Lagebericht notwendig ist. Im Unterschied zu der US-amerikanischen Vorgehensweise (SOX 404) gibt es in Deutschland kein eigenes Testat auf das rechnungslegungsbezogene IKS.

Bezüglich des Risikomanagementsystems ist das Risikofrüherkennungssystem nach § 317 Abs. 4 HGB im Rahmen der Abschlussprüfung börsennotierter Aktiengesellschaften zu beurteilen. Die Befassung damit hat auch Relevanz für die Lageberichtsprüfung, im Rahmen derer gemäß § 289 Abs. 1 S. 4 HGB die Chancen und Risiken des Unternehmens berichtet werden und ebenfalls vom Prüfer beurteilt werden müssen. Aber auch hier kann festgehalten werden, dass das Risikofrüherkennungssystem auf bestandsgefährdende Risiken eingeht, was nur ein Teilausschnitt dessen ist, was unter die strategischen und operativen Risiken gefasst wird.

Das interne Revisionssystem wird im Rahmen der Abschlussprüfung im Zusammenhang mit der Prüfung, ob die Arbeiten der internen Revision verwertet werden können, betrachtet. Compliance Management ist durch die gesetzliche Abschlussprüfung gar nicht aktiv abgedeckt. Der Abschlussprüfer hat aber über relevante Compliance-Verstöße zu berichten, die ihm anlässlich der Abschlussprüfung bekannt werden.

Deshalb gibt es Raum für freiwillige Dienstleistungen der Wirtschaftsprüfer in den Bereichen Risikomanagement, Interne Revision, rechnungslegungsbezogenes IKS und Compliance. Das IDW hat sich deshalb dazu entschlossen, das Thema Corporate Governance ganzheitlich in Form von Prüfungsstandards zu adressieren und zu sämtlichen Bereichen des § 107 Abs. 3 Satz 2 AktG Dienstleistungen zu entwickeln, quasi ein Dienstleistungspaket zur Unterstützung der Aufsichtsräte und der Prüfungsausschüsse.

5 Hinweise zur Einrichtung eines CMS

IDW PS 980 enthält Anforderungen an die CMS-Prüfung und Mindestanforderungen an die Einrichtung von Compliance Management Systemen. Diese Anforderungen sind mit dem Ziel verfasst worden, eine Anwendung bei allen Unternehmenstypen und -größen zu ermöglichen. Erreicht wird dies durch die Festlegung von prozessbezogenen CMS-Grundelementen und themenbezogenen CMS-Grundsätzen. So wird von den in IDW PS 980 beschriebenen Grundelementen ausgegangen, dass sie für jedes CMS relevant sind. Deshalb sind sie für den CMS-Prüfer von großer Bedeutung. Sie stellen ein Sollobjekt dar, anhand dessen die Vorgehensweise des Unternehmens bei der Einrichtung des CMS beurteilt wird. Die Grundelemente werden auch herangezogen, um die Angemessenheit der von den gesetzlichen Vertretern bei der Einrichtung des CMS angewendeten konkreten Grundsätze zu beurteilen. Im IDW PS 980 werden die folgenden Grundelemente[13] genannt:

---

13 Vgl. zu den folgenden Ausführungen auch SCHMIDT, S./EIBELSHÄUSER, B., Die Prüfung von Compliance Management Systemen, S. 252-254.

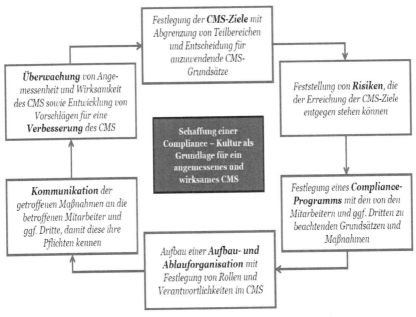

Abb. 7: *CMS-Grundelemente im Überblick*[14]

Die Förderung einer günstigen Compliance-Kultur ist für die Wirksamkeit der eingeführten Grundsätze und Maßnahmen bedeutsam. Mitarbeiter werden sich nur verlässlich an die vorgegebenen Grundsätze und Maßnahmen halten, wenn sie davon überzeugt sind, dass dies dem Willen und der Grundüberzeugung der gesetzlichen Vertreter entspricht. Die Werteorientierung der gesetzlichen Vertreter und der übrigen Mitglieder des Managements und deren Bekenntnis zu einem verantwortungsvollen und regelkonformem Handeln sind hierfür entscheidend.

---

14 Abbildung in Anlehnung an EIBELSHÄUSER, B./SCHMIDT, S., IDW PS 980: Grundsätze ordnungsmäßiger Prüfung von CMS, S. 942.

Die Compliance-Ziele werden auf der Grundlage der allgemeinen Unternehmensziele von den gesetzlichen Vertretern festgelegt. Hierzu muss die Frage geklärt werden, welche Geschäftsbereiche, Unternehmensprozesse oder Rechtsgebiete in das CMS einbezogen werden. Diese Festlegung basiert auf einer Analyse der Relevanz von Vorschriften und Richtlinien für das Unternehmen und bestimmt die Bereiche, in denen das Risiko von bedeutsamen Verstößen besonders hoch ist. Darüber hinaus ist die Entscheidung zu treffen, ob das CMS neben den Mitarbeitern des Unternehmens auch Dritte, z. B. Lieferanten, erfassen soll.

Auf der Grundlage der Compliance-Ziele sind die Compliance-Risiken zu analysieren, die der Erreichung der Compliance-Ziele entgegenstehen können. Hierbei handelt es sich um einen strukturierten Regelprozess, der Voraussetzung für die Grundsätze und Maßnahmen ist, die im Unternehmen als Teil des Compliance-Programms eingeführt werden.

Das Compliance-Programm entwickelt das Unternehmen als Reaktion auf die analysierten Compliance-Risiken. Es handelt sich hierbei z. B. um Funktionstrennungen, Berechtigungskonzepte, Genehmigungsverfahren und Unterschriftsregelungen oder um Vorkehrungen zum Vermögensschutz und andere Sicherheitskontrollen.

Als Bestandteil des CMS ist im Unternehmen eine effektive Compliance-Organisation mit klarer Zuordnung von Rollen und Verantwortlichkeiten einzurichten. Hierzu kann etwa auch die Bildung einer Compliance-Abteilung oder eines Compliance-Gremiums zählen, das die Compliance-Aktivitäten des Unternehmens koordiniert. Allerdings ist keine separate Compliance-Organisation erforderlich; die entsprechenden Aufgaben können auch anderen Unternehmensfunktionen zugeordnet werden.

Die Grundsätze und Maßnahmen des Compliance-Programms sind an die betroffenen Mitarbeiter und ggf. an Dritte zu kommunizieren, damit sie die ihnen zugewiesenen Aufgaben im CMS sachgerecht erfüllen können (z. B. in Form von Schulungsveranstaltungen). Zur CMS-Kommunikation zählt auch der Bericht über festgestellte Regelverstöße oder die Missachtung von Elementen des Compliance-Programms an die entsprechenden Stellen im Unternehmen, die für Ursachenanalyse und Konsequenzenmanagement verantwortlich sind.

Abschließend ist ein Verfahren einzuführen, das auf eine systematische Überwachung und ständige Verbesserung des CMS abzielt. Eine zentrale Aufgabe kann hierbei der Internen Revision zukommen, sofern diese die erforderliche Objektivität und Kompetenz hat. Voraussetzung für eine wirksame Überwachung ist eine ausreichende Dokumentation des CMS, einschließlich Nachweisen, dass die Grundsätze und Maßnahmen des CMS eingehalten wurden. Eine Dokumentation des CMS ist zudem für eine personenunabhängige Funktion des Systems erforderlich. Die Ergebnisse der Überwachung des CMS sind auszuwerten und bei festgestellten Mängeln sind Maßnahmen zur Systemverbesserung zu ergreifen. Schließlich spielen die Ergebnisse der Überwachung in die Weiterentwicklung von Zielen und Risikoanalysen mit ein. Insoweit handelt es sich hierbei um den oben dargestellten Kreislauf.

Zur Bestimmung von CMS-Grundsätzen bestehen in einzelnen Branchen und für einzelne Rechtsgebiete „Best Practices", an denen sich die gesetzlichen Vertreter orientieren können. Solche „Best Practices" finden sich in sog. Rahmenkonzepten, auf die im IDW PS 980 eingegangen wird. Zu nennen sind hier beispielhaft die Geschäftsgrundsätze zur Bekämpfung von Korruption (Transparency International), die Verhaltensrichtlinie des Bundesverbandes Materialwirtschaft (BME), das United States Federal Sentencing Guidelines Manual (United States Sentencing Commission), der GDV-Verhaltenskodex für den Vertrieb oder das Pflichtenheft zum Compliance-Management in der Immobilienwirtschaft.[15] Das gewählte Rahmenkonzept kann um eigene Grundsätze ergänzt werden, wenn dies erforderlich oder nützlich ist, z. B. wenn das gewählte Rahmenkonzept nicht alle CMS-Grundelemente abdeckt. Es ist auch möglich, dass ein Unternehmen auf die Orientierung an einem Rahmenkonzept ganz verzichtet und die Grundsätze für das CMS eigenständig entwickelt.[16]

---

15 Vgl. IDW (Hrsg.), IDW PS 980, Anlage 1: Allgemein anerkannte CMS-Rahmenkonzepte.
16 Vgl. SCHMIDT, S., in: WP Handbuch 2014, Bd. II, Kapitel M: Compliance-Management-Systeme und ihre Prüfung, Rn. 29 f.

Dieses Zusammenspiel zwischen CMS-Grundelementen und CMS-Grundsätzen ist sehr wichtig und führt zu einer erheblichen Flexibilität und Skalierbarkeit in der Anwendung des Prüfungsstandards. Viele Unternehmen verbinden mit dem IDW PS 980 gerade diese Hinweise zum Aufbau eines CMS und nicht die im Standard enthaltenen Anforderungen an die Prüfungsdurchführung.

6 Nutzen einer CMS-Prüfung

Bevor auf einige Prüfungsaspekte eingegangen wird, soll bezüglich des Nutzens einer Prüfung nach IDW PS 980 – weil es hier viele Missverständnisse gibt – kurz zitiert werden, was in der Vorbemerkung des IDW PS 980 geschrieben wurde: „Als integraler Bestandteil der Corporate Governance des Unternehmens ist das Compliance Management System auf die Einhaltung von Regeln im Unternehmen ausgerichtet. Die Einrichtung, Ausgestaltung und Überwachung des CMS ist eine im Organisationsermessen der gesetzlichen Vertreter stehende unternehmerische Entscheidung, durch die die gesetzlichen Vertreter vor dem Hintergrund der unternehmensindividuellen Gegebenheiten ihrer Leitungspflicht zur präventiven Sicherstellung der Gesetzeskonformität des Unternehmens nachkommen. Eine Wirksamkeitsprüfung des CMS durch einen unabhängigen Wirtschaftsprüfer nach diesem IDW Prüfungsstandard kann dem objektivierten Nachweis der ermessensfehlerfreien Ausübung dieser Leitungspflicht dienen."[17]

7 Voraussetzungen für eine CMS-Prüfung

Bevor ein Auftrag zur Prüfung eines CMS nach IDW PS 980 angenommen werden kann, muss sichergestellt sein, dass der CMS-Prüfer die erforderlichen Kompetenzen besitzt. Kompetenz umfasst nicht nur betriebswirtschaftliche und prüferische Kompetenz, sondern auch Kompetenz in den betreffenden Rechtsgebieten. Es werden hierfür im Allgemeinen interdisziplinäre Teams benötigt. Der Wirtschaftsprüfer muss zudem unabhängig sein, d. h. er darf nicht vorher die Einrichtung des Systems beraten haben und das System prüfen. Das allgemeine Verbot der Selbstprüfung ist hier selbstverständlich zu beachten.

---

17 IDW (Hrsg.), IDW PS 980, Tz. 1.

Unternehmen müssen zudem bereit sein, eine CMS-Beschreibung zu erstellen, die den Prüfungsgegenstand der CMS-Prüfung darstellt. In der Praxis hat sich herausgestellt, dass zwar über Form und Inhalt einer solchen CMS-Beschreibung des Unternehmens diskutiert wird, dass aber im Ergebnis alle Unternehmen bereit und in der Lage waren, eine solche CMS-Beschreibung zu erstellen. Aufgrund der entscheidenden Bedeutung findet sich die CMS-Beschreibung auch im Prüfungsbericht des Wirtschaftsprüfers als Anlage.

8 Auftragstypen

Im IDW PS 980 wird zwischen drei verschiedenen Arten der CMS-Prüfung unterschieden:[18]

▨ Wirksamkeitsprüfung,

▨ Konzeptionsprüfung und

▨ Angemessenheitsprüfung.

Die Einführung von drei verschiedenen Auftragsarten trägt dem Wunsch vieler Unternehmen Rechnung, Prüfungsleistungen bereits in der Phase der Entwicklung eines CMS in Anspruch zu nehmen. Eine Wirksamkeitsprüfung wird (erst) dann in Betracht kommen, wenn das CMS konzipiert, im Unternehmen eingeführt, die Grundsätze und Maßnahmen einer internen Überwachung unterliegen und das System nachprüfbar dokumentiert ist. Dann kann der CMS-Prüfer Aufbau- und Funktionsprüfungen durchführen, um die Wirksamkeit des CMS zu beurteilen. Vorher bieten sich die Konzeptions- und/oder die Angemessenheitsprüfung an.

Ziel einer Wirksamkeitsprüfung ist es, „dem Prüfer anhand der von dem Unternehmen zugrunde gelegten CMS-Grundsätzen [...] eine Aussage mit hinreichender Sicherheit darüber zu ermöglichen,

▨ ob die in der CMS-Beschreibung enthaltenen Aussagen über die Grundsätze und Maßnahmen des CMS in allen wesentlichen Belangen angemessen dargestellt sind [...],

---

18 Vgl. zu den verschiedenen Auftragsarten IDW (Hrsg.), IDW PS 980, Tz. 14 f.

■ dass die dargestellten Grundsätze und Maßnahmen in Übereinstimmung mit den angewandten CMS-Grundsätzen geeignet sind, mit hinreichender Sicherheit sowohl Risiken für wesentliche Regelverstöße rechtzeitig zu erkennen als auch solche Regelverstöße zu verhindern [...] und dass die Grundsätze und Maßnahmen zu einem bestimmten Zeitpunkt implementiert waren und

■ während eines bestimmten Zeitraums wirksam [...] waren."[19]

Unternehmen, die sich noch in der Phase der Entwicklung des CMS befinden, können eine Prüfung beauftragen, die das Design bzw. die Konzeption des CMS anhand der in der CMS-Beschreibung gemachten Angaben beurteilt. Dies hat den Vorteil, dass etwaige Systemschwächen rechtzeitig festgestellt und beseitigt werden können, bevor die einzelnen Maßnahmen im Unternehmen implementiert werden. Die Konzeptionsprüfung beinhaltet noch nicht die Beurteilung der Angemessenheit der einzelnen Grundsätze und Maßnahmen des CMS, d. h. ob das CMS geeignet ist, mit hinreichender Sicherheit wesentliche Regelverstöße in den abgegrenzten Teilbereichen rechtzeitig aufzudecken und solche Regelverstöße zu verhindern. Die Konzeptionsprüfung[20] soll den Prüfer in die Lage versetzen, mit hinreichender Sicherheit eine Aussage darüber zu treffen, ob die Aussagen der gesetzlichen Vertreter des Unternehmens in der CMS-Beschreibung über die (geplanten) Maßnahmen in allen wesentlichen Belangen angemessen dargestellt sind und alle CMS-Grundelemente abdecken.

In einer weiteren Entwicklungsphase des CMS – nach Umsetzung der Konzeption und nach Implementierung der Grundsätze und Maßnahmen in die Regelprozesse des Unternehmens – kann ein CMS-Prüfer mit einer Angemessenheitsprüfung beauftragt werden. In einer Angemessenheitsprüfung[21] werden die Aussagen in der CMS-Beschreibung zur Eignung des CMS beurteilt, wesentliche Regelverstöße mit hinreichender Sicherheit aufzudecken und solche zu verhindern. Zudem wird geprüft, ob die Grundsätze und Maßnahmen wie vorgesehen implementiert worden sind. Dies erfolgt aber als reine Aufbauprüfung ohne Funktionstests und gibt daher keine Sicherheit über die tatsächliche Funktion des Systems. Funktionstests sind der Wirksamkeitsprüfung vorbehalten.[22]

---

19 Vgl. IDW (Hrsg.), IDW PS 980, Tz. 14.
20 Vgl. IDW (Hrsg.), IDW PS 980, Tz. 16.
21 Vgl. IDW (Hrsg.), IDW PS 980, Tz. 17.

Die verschiedenen Auftragsarten ermöglichen es dem Wirtschaftsprüfer, seinen Mandanten in allen Phasen der Entwicklung eines CMS zu begleiten, von der Konzeptionsphase und der Phase der Entwicklung und Implementierung geeigneter Grundsätze und Maßnahmen bis hin zum Regelbetrieb des CMS. In allen Phasen gibt der CMS-Prüfer nicht nur ein abschließendes Prüfungsurteil ab, sondern auch Hinweise und Empfehlungen zur Verbesserung des Systems, die sich aus seinen Prüfungsfeststellungen ableiten lassen.[23]

Darüber hinaus besteht bei allen drei Auftragsarten die Möglichkeit, die Prüfung projektbegleitend durchzuführen.[24] Eine solche Vorgehensweise ermöglicht eine weitere Flexibilisierung des Prüfungsansatzes, indem der CMS-Prüfer nicht erst nach einer abgeschlossenen Entwicklungsphase des Unternehmens tätig wird, sondern seine prüferischen Feststellungen bereits während der Entwicklung in das Projekt seines Auftraggebers einbringt. Bei einer solchen projektbegleitenden Prüfung sind allerdings besondere Vorkehrungen zur Sicherung der Unabhängigkeit des CMS-Prüfers zu treffen.[25]

Die einzelnen Auftragsarten unterscheiden sich hinsichtlich des Prüfungsumfangs und der Prüfungstiefe. Gemeinsam ist aber allen Auftragsarten, dass sie die Beurteilung der Aussagen in der CMS-Beschreibung mit hinreichender Sicherheit beinhalten. Es handelt sich also nicht um prüferische Durchsichten („reviews") oder um vereinbarte Untersuchungshandlungen („agreed upon procedures").[26]

Im Unterschied zur Wirksamkeitsprüfung sind die Konzeptions- und Angemessenheitsprüfung in erster Linie an die Unternehmensorgane gerichtet, die an einer unabhängigen Beurteilung des Entwicklungsstands des CMS Interesse zei-

---

22 Vgl. IDW (Hrsg.), IDW PS 980, Tz. 20.

23 Vgl. EIBELSHÄUSER, B./SCHMIDT, S., IDW PS 980: Grundsätze ordnungsmäßiger Prüfung von CMS, S. 943.

24 Vgl. IDW (Hrsg.), IDW PS 980, Tz. 15; GÖRTZ, B., Der neue Compliance-Prüfungsstandard (EPS 980) Inhalte und Aussagen, S. 129.

25 Vgl. IDW (Hrsg.), IDW PS 850, Abschnitt 4.2.

26 Vgl. EIBELSHÄUSER, B./SCHMIDT, S., IDW PS 980: Grundsätze ordnungsmäßiger Prüfung von CMS, S. 943.

gen. Eine haftungsreduzierende Wirkung in einem Schadensfall kann nur von einer Wirksamkeitsprüfung ausgehen, weil nur bei einer Wirksamkeitsprüfung die tatsächliche Funktion der einzelnen Komponenten des CMS beurteilt wird.[27]

9 Prüfungsurteil

Das Prüfungsurteil einer Wirksamkeitsprüfung des CMS lautet in der Kurzform wie folgt: Die in der CMS-Beschreibung dargestellten Grundsätze und Maßnahmen sind in Übereinstimmung mit den angewandten CMS-Grundsätzen dazu geeignet, mit hinreichender Sicherheit sowohl Risiken für wesentliche Verstöße rechtzeitig zu erkennen (d. h. Verstöße in bestimmten abgegrenzten Teilbereichen) als auch solche Regelverstöße zu verhindern. Es folgt der Hinweis zum geprüften Zeitraum: Die Grundsätze und Maßnahmen waren zu einem bestimmten Zeitpunkt implementiert und während des geprüften Zeitraums wirksam. Es handelt sich also nicht um ein Urteil, ob Regelverstöße im geprüften Zeitraum vorgekommen sind. Es wird vielmehr als Ergebnis einer Systemprüfung im Prüfungsurteil zum Ausdruck gebracht, ob die im Unternehmen eingeführten Maßnahmen angemessen sind und im Betrachtungszeitraum beachtet wurden.[28]

10 Zusammenfassung und Ausblick

Im März 2011 hat das IDW den IDW Prüfungsstandard 980 „Grundsätze ordnungsmäßiger Prüfung von Compliance Management Systemen" veröffentlicht. Die Prüfung des CMS nach IDW PS 980 bietet einen unabhängigen und objektivierten Nachweis der Angemessenheit und Wirksamkeit und kann somit einen Beitrag zur haftungsreduzierenden Wirkung des CMS leisten. Maßgeblich kommt es darauf an, dass die Unternehmen die Einführung eines CMS mit dem erforderlichen Engagement betreiben und die Prüfungen mit der notwendigen Intensität durchgeführt werden.

---

27 Vgl. GELHAUSEN, H./WERMELT, A., Haftungsrechtliche Bedeutung des IDW EPS 980: Grundsätze ordnungsmäßiger Prüfung von CMS, S. 208.

28 Zum Wortlaut des Prüfungsurteils vgl. IDW (Hrsg.), IDW PS 980, Anlage 2, Abschnitt D.

Neben dem möglichen Nutzen einer „haftungsreduzierenden Wirkung" ist eine CMS-Prüfung auch als eine Art „Stresstest" für das Unternehmen zu verstehen, um ggf. bestehende Schwächen (z. B. Regelungslücken im System) zu erkennen und das System zu verbessern. In diesem Zusammenhang kommt der Risikoanalyse auf der Grundlage der individuellen Verhältnisse des Unternehmens und der Konzeption darauf angepasster Compliance-Maßnahmen (einschließlich der Überwachung) eine besondere Bedeutung zu.

Eine interdisziplinäre Vorgehensweise bei der Prüfung gemäß IDW PS 980 ist sinnvoll und erforderlich. Abhängig vom Gegenstand des zu prüfenden Teilbereichs eines CMS ist es empfehlenswert, dass Wirtschaftsprüfer, Juristen und ggf. Experten anderer Gebiete Hand in Hand arbeiten, z. B. wenn es um die Auslegung relevanter Vorschriften geht.

Diese interdisziplinäre Zusammenarbeit wird auch zukünftig weiter an Bedeutung gewinnen, da über die Prüfung von CMS hinaus weitere Systemprüfungen im Kontext der Überwachungsaufgabe von § 107 Abs. 3 AktG entwickelt werden. Diese Überwachungsfunktion ist zwar höchstpersönlich von den Aufsichtsrats- bzw. Prüfungsausschussmitgliedern wahrzunehmen und darf nicht an Dritte delegiert werden. Es kann aber für den Aufsichtsrat von Interesse sein, einen Wirtschaftsprüfer mit Prüfungsleistungen in diesen Bereichen zur Absicherung der eigenen Beurteilung zu beauftragen. Auch der Vorstand kann ein Interesse daran haben, einen Wirtschaftsprüfer z. B. mit der Prüfung (eines abgegrenzten Teilbereichs) des Risikomanagements oder des IKS zu beauftragen, um hierdurch einen Nachweis zu erlangen, ob er seinen Pflichten nachgekommen ist. Diese Vorhaben tragen dazu bei, die Corporate Governance in Deutschland weiter zu stärken.[29]

---

29 Vgl. zum Ausblick auch SCHMIDT, S., Praxiserfahrungen aus der Prüfung von CMS nach IDW PS 980, S. I.

Literaturverzeichnis

BUSSMANN, KAI-D./NESTLER, CLAUDIA/SALVENMOSER, STEFFEN, Wirtschaftskriminalität und Unternehmenskultur 2013, Frankfurt 2013 (Wirtschaftskriminalität und Unternehmenskultur).

EIBELSHÄUSER, BEATE/SCHMIDT, STEFAN, IDW PS 980: Grundsätze ordnungsmäßiger Prüfung von Compliance-Management-Systemen (CMS), in: WPg 2011, S. 939-945 (Grundsätze ordnungsmäßiger Prüfung von CMS).

GELHAUSEN, HANS FRIEDRICH/WERMELT, ANDREAS, Haftungsrechtliche Bedeutung des IDW EPS 980: Grundsätze ordnungsmäßiger Prüfung von Compliance-Management-Systemen, in: CCZ 2010, S. 208-213 (Haftungsrechtliche Bedeutung des IDW EPS 980: Grundsätze ordnungsmäßiger Prüfung von CMS).

GÖRTZ, BIRTHE, Der neue Compliance-Prüfungsstandard (EPS 980) Inhalte und Aussagen, in: CCZ 2010, S. 127-133 (Der neue Compliance-Prüfungsstandard (EPS 980) Inhalte und Aussagen).

IDW (Hrsg.), IDW Prüfungsstandard: Grundsätze ordnungsmäßiger Prüfung von Compliance Management Systemen (IDW PS 980), verabschiedet vom Hauptfachausschuss am 11.03.2011, WPg Supplement 2/2011, S. 78-105 (IDW PS 980).

IDW (Hrsg.), IDW Prüfungsstandard: Projektbegleitende Prüfung bei Einsatz von Informationstechnologie (IDW PS 850), verabschiedet vom Hauptfachausschuss am 02.09.2008, WPg Supplement 2/2008, S. 12-26 (IDW PS 850).

SCHMIDT, STEFAN, Praxiserfahrungen aus der Prüfung von Compliance Managementsystemen nach IDW PS 980, in: WPg 2013, S. I (Praxiserfahrungen aus der Prüfung von CMS).

IDW (Hrsg.), WP Handbuch 2014 Band II, 14. Aufl., Düsseldorf 2014 (zitiert: BEARBEITER, in: WP Handbuch 2014, Bd. II).

SCHMIDT, STEFAN/EIBELSHÄUSER, BEATE, Die Prüfung von Compliance Management Systemen - Corporate Compliance und Corporate Social Responsibility - Chancen und Risiken sanfter Regulierung, in: Bungenberg et al. (Hrsg.): Corporate Compliance und Corporate Social Responsibility - Chancen und Risiken sanfter Regulierung, Baden-Baden 2014, S. 241-264 (Die Prüfung von Compliance Management Systemen).

Carola Haselhof

Compliance und Interne Revision aus Unternehmenssicht

Carola Haselhof
Leiterin der Internen Revision, CLAAS KGaA mbH

Vortrag, gehalten am 05. Juni 2014 auf dem
29. Münsterischen Tagesgespräch
„Mittelstand im Blick:
Compliance und Risikomanagement"

Gliederung:

1 Einleitung

Guten Tag. Prof. Baetge, vielen Dank für die charmante Einladung und Einführung. Prof. Kirsch, vielen Dank für die Einladung zur heutigen Veranstaltung. Ich freue mich sehr. Es ist für mich auch eine Herausforderung. Die Gelegenheit hat sich ergeben, weil einer Ihrer Hiwis „abspenstig" geworden ist und bei CLAAS in der Internen Revision angefangen hat.

2 Vorstellung CLAAS und die Interne Revision

Ich möchte die Gelegenheit ergreifen, Ihnen CLAAS ein wenig in Zahlen vorzustellen. Wir sind einer der führenden Hersteller von Landmaschinen. Das ist unser Kerngeschäft. CLAAS ist als KGaA mbH firmiert und ein im Familienbesitz befindliches mittelständisches Unternehmen, welches sich auch im Aufbruch in neue Märkte, in noch größere Strukturen befindet. Den Gesellschafterausschuss als wesentliches Aufsichtsorgan führt Helmut Claas an, der auch nach seinem schweren Unfall im letzten Jahr mit schon bald 90 Jahren wieder aktiv seine Rolle im Unternehmen übernimmt. Seine Tochter Cathrina Claas-Mühlhäuser ist die dritte Generation und leitet den Aufsichtsrat. In den letzten Jahren hat es eine positive Entwicklung für CLAAS gegeben. Das letzte Jahr war das zweite Jahr in Folge mit einem Rekordumsatz von 3,8 Milliarden Euro und einem Ergebnis von knapp 300 Millionen Euro. Ich selbst bin seit zwei Jahren bei CLAAS und habe vor knapp zwei Jahren die Revision übernommen. Nach wie vor bin ich erstaunt, wie hoch unser Auslandsumsatzanteil mit knapp 80 Prozent ist. Dieser wird sich sicherlich in Zukunft noch erhöhen. Erst kürzlich haben wir ein Produktionsunternehmen in China akquiriert. Die Mitarbeiterzahlen werden damit auf über 10.000 steigen. Mit der Entwicklung in diese Märkte steigen natürlich auch unsere Anforderungen im Bereich Compliance. Wir müssen überlegen, was wir machen und auch was in dem Zusammenhang die Revision macht. Ich möchte kurz erläutern, wie die Revision bei CLAAS grundsätzlich aufgebaut und organisiert ist.

Interessant ist, dass die Revision bei CLAAS schon seit mehr als 20 Jahren besteht, also Helmut Claas zu der Zeit tatsächlich ein Vorreiter war, eine Revisionsabteilung im Mittelstand einzuführen. Wir hängen am Geschäftsführer Finanzen und haben derzeit vier Vollzeitprüfer, wovon ein Prüfer für den Datenschutz verantwortlich ist. Wir konnten die Revision aber auch kapazitativ ein wenig aufbauen, weil wir im letzten Jahr zwei Traineestellen dazubekommen haben. Dies soll das recht neue Konzept der Personalentwicklung über die Revision forcieren. Obwohl wir am Geschäftsführer Finanzen hängen, haben wir auch „dotted lines" zur Gesamtkonzernleitung bzw. Geschäftsführung und auch zum Gesellschafterausschuss bzw. zur Vorsitzenden des Aufsichtsrates und zum Vorsitzenden des Gesellschafterausschusses und damit direkt zur Familie.

3 Grundlagen Interne Revision

Was sagen unsere Standardsetter, das Deutsche Institut der Internen Revision und das Institute of Internal Audit aus den USA, dazu, wie die Revision ausgestaltet sein sollte und welchen Definitionen sie unterliegt? Die Interne Revision erbringt grundsätzlich unabhängige und objektive Prüfungs- und Beratungsdienstleistungen, welche darauf ausgerichtet sind, Mehrwert zu schaffen und Geschäftsprozesse zu verbessern. Wir sehen uns im Berufsstand aber auch ganz klar als Unterstützungsfunktion der Organisation zur Erreichung ihrer Ziele, indem wir mit einem systematischen und zielgerichteten Ansatz die Effektivität des Risikomanagements, aber auch die internen Kontrollen und Führungs- und Überwachungsprozesse, die im Unternehmen eingerichtet sind, beurteilen. Konkret heißt das natürlich, dass wir vom Standardsetter eine Definition haben, aber das Ganze bei uns dann mit Leben gefüllt wird. Was steht in der Geschäftsordnung der Internen Revision von CLAAS? Was sind unsere Ziele? Was sind unsere Aufgabenstellungen? Wie ist unsere Stellung im Unternehmen? Die Geschäftsordnung setzt uns den Rahmen von der Konzernleitung und dem Vorstand des Aufsichtsgremiums, was bei uns der Gesellschafter ist, und beinhaltet auch unsere Stellung zu anderen. Wie wollen wir arbeiten und in welchem Maße wollen wir z. B. auch mit dem externen Abschlussprüfer zusammenarbeiten? Welche Auskunftsinformationsrechte haben wir? Das bedeutet natürlich im Umkehrschluss auch, dass die Organisation, also die Gesellschaften, und die geprüften Bereiche, die wir aufsuchen, dazu verpflichtet sind, uns die entsprechenden Informationen zur Verfügung zu stellen. Das ist ein Geben und Nehmen. Wir haben zwar das Recht, aber die geprüften Bereiche eben auch die Pflicht. Daneben sind in der Geschäftsordnung aber auch noch andere Themen adressiert: Wie berichten wir? Wie ist unserer Berichtsverteiler? Wie führen wir unsere Prüfungsplanung durch? Welche Themen schauen wir uns risikobasiert an?

4   Aufgabe der Internen Revision – Compliancelücken identifizieren

Unsere Aufgabe ist es – und hier sind wir schon beim Thema Compliance – Ist-Prozesse aufzunehmen und zu untersuchen, inwiefern diese mit den Soll-Prozessen übereinstimmen. Die Soll-Prozesse ergeben sich meistens aus dem Gesetz bzw. aus internen Regelungen. Wir identifizieren die Lücken und bewerten diese, d. h. wir setzen Risikomaßstäbe an. Wir haben uns darauf geeinigt, dass wir in drei Risikokategorien berichten: Geringfügig, wesentlich und schwerwiegend. Jedoch machen wir nicht nur „negatives Reporting", d. h. wir schreiben nicht nur alles auf, was uns negativ bzw. als Lücke aufgefallen ist, sondern berichten auch darüber, welche Prüfungshandlungen wir durchgeführt haben und was wir als angemessen ansehen. Ich denke, dass das für die Organisation wichtig ist, auch im Sinne eines „Zertifikats". Natürlich geben wir kein Testat im Sinne der Wirtschaftsprüfung, aber wir geben mit unserem Bericht eine Meinung ab, wie die Geschäftsprozesse ausgestaltet sind und ob Risiken in ausreichendem Maße adressiert sind. Um in Zukunft „mehr Compliance" herzustellen, vereinbaren wir Maßnahmen mit den geprüften Bereichen, mit den Tochtergesellschaften, die anschließend abgearbeitet werden müssen.

5   Risikomodelle, an denen die Tätigkeitsfelder der Revision ausgerichtet sind

Ich will gar nicht viel über COSO erzählen, da wir sonst gleich wieder in der Ecke der börsennotierten Unternehmen sind. Das Kontrollmodell kommt aus dem Jahr 1992, ist von der SEC, also der US-amerikanischen Börsenaufsicht, anerkannt und adressiert drei wesentliche Themen, die sich in unserer Tätigkeit widerspiegeln. Das sind die Wirksamkeit und Effizienz betrieblicher Abläufe, die Verlässlichkeit der finanziellen Berichterstattung (ein großer Fokus der Börsenaufsicht) und die Einhaltung der geltenden Gesetze und Vorschriften. Damit sind wir dann auch wieder beim Thema Compliance. Ich habe dieses Modell mitgebracht, um nochmal zu zeigen, dass aus der Definition der Standardsetter der Internen Revision, des deutschen und des amerikanischen Instituts der Revision und aus dem COSO-Modell, die klassischen Tätigkeitsfelder der Internen Revision abgeleitet werden können. Das COSO-Modell wurde z. B. auch in Zusammenarbeit mit dem amerikanischen Institute of Internal Auditors entwickelt. Die klassischen Tätigkeitsfelder sind Financial Auditing (Bereich Finanzberichterstattung), Compliance Auditing und Operational Auditing. Compliance Auditing war vor Jahren schon ein Begriff, aber wurde damals eher als Health, Safety und Environment verstanden. Mit Operational Auditing sind die operativen Prozesse gemeint. In der Präsentation ist dieses rot umrandet, weil das die Themen sind, im Wesentlichen Financial und Operational Auditing, mit denen wir uns bei CLAAS vorwiegend beschäftigen. Wenn wir unsere Tochtergesellschaften prüfen, ist das eine Kombination aus Geschäftsprozessaudit und Financial Audit. Wir prüfen unter der Überschrift „Sicherheit und Effizienz der Geschäftsabläufe", nehmen Prozesse von vorne bis hinten auf und beurteilen diese. Bei Vertriebsgesellschaften ist das z. B. „Order-to-cash", in Produktgesellschaften „Purchase-to-pay". Management Auditing ist auch ein Tätigkeitsfeld der Internen Revision. Da gibt es im Moment einige grundsätzliche Diskussionen im Berufsstand, was dort durch die Interne Revision grundsätzlich z. B. auch hinsichtlich Reputationsrisiken gemacht werden kann. Internal Consulting leitet sich aus der Definition ab, da wir ja nicht nur Prüfungsdienstleistungen, sondern grundsätzlich auch Beratungsdienstleistungen erbringen können. Das äußert sich in der Praxis im Wesentlichen in Anfragen zu Einzelthemen, aber auch projektbegleitende Prüfungen, z. B. im Rahmen von Investitionsprojekten. Sonderprüfungen sind auch ein Thema. Natürlich gibt es auch in der Praxis bei uns oder bei ThyssenKrupp über verschiedene Kanäle auch anonyme Hinweise zu potenziellen Regelverstößen, die wir dann im Rahmen einer Sachverhaltsaufklärung untersuchen, aber immer mit Fokus auf die Prozesse, um daraus Maßnahmen für die Zukunft ableiten. Das heißt, dass wir immer prozessorientiert gucken, wie es zu diesem Sachverhalt kommen konnte und wie wir das in der Zukunft vermeiden können.

6 Compliance-Begriff und Abgrenzung der Funktion zur Internen Revision

Zum Begriff Compliance ist natürlich heute schon sehr viel Gutes und viel Fundiertes gesagt worden. Ich war neulich erstaunt, als in einer Veranstaltung der Vortragende eröffnete, dass der Begriff Compliance neu sei. In unserem Auditorium weiß man natürlich, wie sich der Begriff entwickelt hat: Den Anglizismus „Compliance" i. S. v. „Ordnungsmäßigkeit" bzw. „kaufmännische Ehrbarkeit" gibt es natürlich schon seit Jahrzehnten. Wenn man einfach mal nach einer Übersetzung im Internet sucht, fallen auch die Begriffe „Ordnungsmäßigkeit", „Einhaltung" oder „Einverständnis". Das ist ja auch das, was wir heute gehört haben. Es geht nicht nur um die Einhaltung von Gesetzen, was für Unternehmen natürlich ganz klar gegeben sein muss. Wir halten uns an Gesetze und wollen auch dahin wirken, dass diese eingehalten werden, aber es gibt eben auch interne Richtlinien. Da gibt es immer auch Überlegungen, wie viel wir brauchen, was wir brauchen, welche Themen wir regeln wollen oder eben auch nicht, was unser „Risikoappetit" ist, in welchen Bereichen wir ganz bewusst die Eigenverantwortung der lokalen Geschäftsführung stärken oder behalten und nicht jedes Detail im internationalen Kontext regeln wollen – zugegebenermaßen können wir das natürlich auch nicht.

Im Sprachgebrauch hat man Compliance oftmals auch mit Korruption und Kartellverstößen in Verbindung gebracht, was sicherlich auch daran liegt, dass es in dem Zusammenhang die größten Skandale mit den größten Strafzahlungen gegeben hat. Was für die Einordnung der Internen Revision stark diskutiert oder auch von den Revisoren als Einordnung unserer Funktion herangezogen wird, ist das sog. Three-Lines-of-Defense-Modell. Das ist ein recht martialischer Ausdruck, der aber dafür sorgt, dass das Modell Aufmerksamkeit bekommt. Ich habe mir diese Darstellung aus dem Corporate Governance Report von Thyssen-Krupp entliehen. Man sieht, wie Abwehrlinien grundsätzlich aussehen sollen und wo wir die Revision in Abgrenzung zu anderen Bereichen finden. Die erste Abwehrlinie sind die Risk Owner, die Geschäftsführer, die die Managementkontrollen und die internen Kontrollen bzw. das IKS aufsetzen müssen. Das bedeutet, „Angriffe" von innen und außen abzuwehren. In der zweiten Abwehrlinie stehen die Unterstützungsfunktionen, also die Compliance-Funktionen im weitesten Sinn, Controlling, Finanzen oder Compliance als eigenständige Funktion, die es ja z. B. bei ThyssenKrupp gibt. Bei CLAAS gibt es übrigens keine eigenständige Compliance-Funktion, was intern durchaus diskutiert wird. Bislang gibt es dafür keine Pflicht, aber natürlich die Pflicht zur Einrichtung eines Compliance Management Systems. Die Interne Revision befindet sich in der dritten Abwehrlinie. Die kleinen blauen Pfeile nach oben zeigen in der Grafik, an wen jeweils berichtet wird. Man sieht, dass alle drei Blöcke an den Vorstand berichten, aber die Revision in ihrer Unabhängigkeit auch noch eine direkte Reportinglinie zum Aufsichtsorgan hat. Das ist bei uns der Gesellschafter. Natürlich spielt die Abschlussprüfung in dem Modell auch eine Rolle. Ich finde diese Darstellung etwas statisch. In anderen Zeichnungen wird deutlicher, dass diese Blöcke („Abwehrlinien"), die hier singulär nebeneinander stehen, in Kontakt stehen. Es gibt Durchlässigkeiten, d. h. Abstimmung und Kommunikation, was aus meiner Sicht essentiell ist.

Die Unterschiede und Gemeinsamkeiten zwischen Compliance und Interner Revision habe ich gegenübergestellt: Compliance ist eher für die Etablierung von Prozessen verantwortlich, in dem Zusammenhang auch richtlinienkompetent, aber auch weisungsgebunden gegenüber der Geschäftsführung. Das ist die Revision ex definitione nicht. Sie wird zur unabhängigen Beurteilung der Geschäftsprozesse eingesetzt. Da kann man natürlich diskutieren, wie unabhängig wir denn letztendlich sind. Wir berichten z. B. an den Finanzvorstand, haben aber Aspekte der Unabhängigkeit in unserer Organisation eingerichtet. In unserer Berichterstellung sind wir unabhängig und unsere Berichte gehen an das Aufsichtsorgan und von daher kann man gut sagen, dass wir – obwohl wir am Finanzgeschäftsführer hängen – ein sehr großes Stück Unabhängigkeit haben. Wir haben keine Richtlinienkompetenz, außer natürlich über unsere eigenen Richtlinien. Über Unabhängigkeit kann man aber immer noch streiten. Wenn wir Berichte schreiben, Lücken entdecken und Maßnahmen vereinbaren, greifen wir natürlich in Prozesse ein. Wir wirken auf deren Verbesserung hin und sagen letztendlich nur sehr selten: „Wenn Ihr das nicht macht, tragt ihr das Risiko." Aber natürlich diskutieren wir die Maßnahmen mit den Bereichen und können sehr oft zu einer Vereinbarung hinsichtlich der Umsetzung bzw. Risikoadressierung kommen, mit der beide Seiten leben können. Es gibt auch Berichtsformate, in denen Empfehlungen durch die Interne Revision ausgesprochen werden, die Gesellschaft im Bericht als Managementkommentar aber dagegen hält: „Interessant, aber machen wir nicht." Oder: „Interessant, finden wir gut, aber wir machen es anders." Oftmals kommen dann aber aus solchen Berichten überhaupt keine umgesetzten Maßnahmen heraus. Deshalb haben wir uns entschieden, diesen Prozess vorzuziehen. Wir wollen zu einer Vereinbarung zwischen Revision und den Bereichen kommen und die Maßnahmen hinreichend konkretisieren, sodass danach tatsächlich eine Verbesserung stattfindet.

Noch ein Punkt zur Abgrenzung sei erwähnt: Der risikoorientierte Ansatz in beiden Bereichen, auch Compliance, muss natürlich analysieren, wo große Risiken liegen und was zuerst adressiert werden soll. Das ist natürlich leichter, wenn die Compliance-Funktion auch eine eigenständige Funktion ist. Ansonsten bleibt die Frage, welche Funktion diese Aufgabe übernehmen soll.

Die Interne Revision stellt auf Basis eines risikoorientierten Ansatzes einen Auditplan auf. Dieser Jahresplan beinhaltet aber immer auch noch Luft für Sonderprüfungen oder Follow-Up-Aktivitäten. Auch Einzelprüfungen aus diesem Auditplan sollen wieder dem risikoorientierten Ansatz unterliegen. Bei Prüfungen von Tochtergesellschaften analysieren wir in der Prüfungsvorbereitung, wo spezifische Risiken liegen, ob es sich um Risiken im Land handelt, ob die Risiken aus gesellschaftsrechtlichen Strukturen stammen, was ich in der Bilanz und der Gewinn- und Verlustrechnung sehe, wo die wesentlichen Kosten sind und ob relevante Gruppenrichtlinien greifen. Gegebenenfalls haben hier familiengeführte Unternehmen in manchen Bereichen einen strengeren Blick, z. B. auf die Gewährung von Spenden. Wenn man dann in der Gewinn- und Verlustrechnung von einer Tochtergesellschaft wesentliche Beträge sieht, dann weiß man, dass man da mal hingucken sollte. Materiality-Grundsätze seien hier auch kurz erwähnt, die sich aus der Abschlussprüfung auch für die Interne Revision ergeben. Wir wollen einen „true and fair view" eines Prüfungsgebietes vermitteln und beurteilen Sachverhalte hinsichtlich der Risikoklassifizierung in Bezugsetzung zum Gesamtsachverhalt. Wir setzen auch die Kassenprüfung in Beziehung: Habe ich ein großes Risiko, wenn ein Beleg einer unwesentlichen Kasse nicht unterschrieben ist? Sicherlich nicht.

7 Compliance als Herausforderung oder Chance?

Die Herausforderungen im Mittelstand kennen wir, glaube ich, alle. Die Bereitstellung ausreichender Ressourcen, etwa für eine ausgestaltete Compliance-Funktion oder aber für sachgerechte Funktionstrennung in kleinen Gesellschaften, seien als Beispiele genannt. Ein sicherlich großes Risikogebiet ist ein Management Override. Das heißt, dass Führungskräfte, die eigentlich für die Einhaltung von Kontrollen sorgen sollen, diese selbst umgehen. Das strahlt auf die ganze Organisation ab. Insbesondere in anderen Kulturkreisen kann das enorme Probleme verursachen, weil die Organisation in manchen Kulturkreisen, wie z. B. in Korea, sehr militaristisch ist. Wenn ein Geschäftsführer dolose Handlungen begeht, können Sie davon ausgehen, dass ihm zum einen Mitarbeiter folgen werden und zum anderen Ihnen niemand über solche Handlungen berichten wird. Sie können zehn Stunden fragen, da gibt es keine Antwort.

Zu den eingeschränkten IT-Ressourcen: Das System soll oft schuld daran sein, dass bestimmte Dinge bzw. Kontrollen nicht funktionieren, obwohl es immer Möglichkeiten gibt, diese ohne ein High-End-IT-System aufzusetzen. Jedoch sind das nicht nur Herausforderungen im Mittelstand, solche Herausforderungen gibt es überall. Auch bei ThyssenKrupp mit einer sehr heterogenen Struktur gibt es sehr kleine Gesellschaften, wo es auch genau diese Restriktionen gibt. Solche Probleme gibt es immer, das IT-System reicht nie.

Compliance als Chance? Compliance sollte als Chance wahrgenommen werden! Ich habe das mal ganz idealistisch geschrieben. Ist das möglich? Natürlich muss man Kosten abwägen, das machen wir auch. Der Punkt ist aber wieder: „Tone at the top". Das meint auch, wie Compliance im Unternehmen kommuniziert wird. Kommuniziere ich das als Bürde? Oh nein, ich muss meiner Fürsorgepflicht als Arbeitgeber nachkommen und ich muss mich um die Sicherheit meiner Mitarbeiter bei Auslandsreisen kümmern. Oder kommuniziere ich es eher so, dass mir meine Mitarbeiter am Herzen liegen. Wir sehen in der Praxis, dass sich das Verständnis von Compliance und Regeleinhaltung bereits ein gutes Stück weit verändert hat, z. B. beim Umgang mit Geschenken und Einladungen. Wir als Revision freuen uns natürlich, wenn wir erfahren, dass jemand „Nein" sagt und nicht zum Champions League Spiel geht. Interessant sind aber natürlich die Sachen, die die Revision nicht erfährt. Aber es hat sich da definitiv etwas geändert. Auch auf Einladungen sehen wir Hinweise: „Bitte stellen Sie sicher, dass Ihre Compliance-internen Anforderungen eingehalten worden sind." Auch soll mein Gesprächspartner nicht komisch gucken, wenn ich ihm Champions League Karten gebe. So etwas strahlt auf die Geschäftsbeziehung und stellt Dinge in Frage, die man als ehrbares Unternehmen nicht in Frage gestellt haben möchte. Der Gefahr, selber Opfer zu werden, muss natürlich auch begegnet werden. Ohren zuhalten hilft nicht. Ich habe nochmal ein Zitat mitgebracht: „If you think compliance is expensive, try non-compliance."[1] Es ist meistens wesentlich teurer, wenn etwas passiert.

Wir adressieren regelmäßig Compliance-Themen, weil wir, wie bereits erwähnt, den „Soll-Ist-Abgleich" machen. Damit ist insb. gemeint, was es an internen Regelungen gibt und ob diese eingehalten werden. Letztendlich soll das auch dazu dienen, dass Vermögensverluste und Schädigungen möglichst vermieden werden. Wir wollen, dass durch entsprechende Prozesse Gesetzesverstöße oder Verstöße gegen interne Richtlinien grundsätzlich verhindert werden. Wenn das nicht geht, dann sollen diese Verstöße jedenfalls nachträglich erkannt werden

---

[1] CORNELIUS, D., McNulty Keynote on a Tale of Two Sectors, 2009, abrufbar unter: www.compliancebuilding.com/2009/06/04/mcnulty-keynote-on-a-tale-of-two-sectors/.

und für die Zukunft erschwert werden. Verhaltenskodex und Code of Conduct sind auch Themen, mit denen wir uns als Revision hinsichtlich Compliance, interner Regelwerke, befassen. Daraus resultieren auch wieder Fragen: Was ist denn nun das richtige Verhalten und wie viel Geschenk darf ich annehmen? In Deutschland haben wir relativ klare Regelungen. Das orientiert sich meistens an der steuerlichen Abzugsfähigkeit. 40 Euro sind natürlich schnell weg, wenn man essen geht oder zum Essen eingeladen wird. Aber wie sieht es dann wiederum in Indien aus, wie sieht es in China aus? Wir haben vorhin auch gehört, dass es landesspezifische Grenzen gibt, die man kennen muss. Das beschäftigt uns natürlich insb. vor dem Hintergrund der Ausweitung des Asiengeschäftes. In dem Zusammenhang gucken wir uns auch an, ob relevante Schulungen (hinsichtlich der geltenden Richtlinien) durchgeführt werden. Es bleibt aber das große Thema „Sensibilisierung": Man kann so viel aufschreiben, wie man möchte, aber die Ethik und die Prozesse müssen gelebt werden.

Vier-Augen-Prinzip: Wo fängt das an? Heißt das streng genommen, dass ich in jeder Gesellschaft zwei Geschäftsführer haben muss? Und das zieht sich durch, z. B. in Bankvertretungsbefugnissen. Wer darf Zahlungen freizeichnen? Müssen das immer zwei sein? Bei uns ist das so. Aber ist das eine Regel? De facto kann man z. B. in Frankreich, wo man klassischerweise in einer GmbH einen Président hat, der grundsätzlich allein vertretungsbefugt ist, gar nichts daran ändern. Man kann dann nicht verhindern, dass ein Geschäftsführer ein Bankkonto auf seinen alleinigen Namen einrichtet. Dann ist wieder der Prozess gefragt: Wie stellt der Prozess sicher, dass das Konto aber nie mit Unternehmensgeldern gefüllt ist?

Nachvollziehbare Dokumentation von Entscheidungen! Red Flags! Der Berliner Flughafen ist ein Negativbeispiel, wo angeblich nichts dokumentiert wurde und nichts mehr nachvollziehbar ist. Das sind auch unsere Themen: Die Nachvollziehbarkeit von Entscheidungen, die das Unternehmen betreffen. Einkaufsentscheidungen: Haben wir uns tatsächlich für den besten Lieferanten entschieden? Lieferantenscreening war auch schon ein Thema: Gibt es manche Lieferanten überhaupt? Man ist als Revision natürlich auch kreativ und versucht durch Prüfungsansätze Lücken, Definitionslücken oder Lücken im Prozess zu finden, die ausgenutzt werden. Früher gab es eher den Ansatz, dass von einer Grundgesamtheit in einer Stichprobe die zehn höchsten Beträge betrachtet wurden. Auch das ändert sich im Moment sehr stark. Es wird viel über Big Data gesprochen. Wir

145

machen sehr viel Massendatenanalysen, um eben nicht nur den wesentlichen, aber normalen Geschäftsvorfall zu finden, sondern tatsächlich die Ausreißer, um zu gucken, wo wir tatsächlich „Themen" haben könnten, wo wir Lücken und Risiken haben, die wir adressieren sollten.

8 „Mehr" Compliance erreichen durch Maßnahmenverfolgung

Noch kurz zur Maßnahmenverfolgung: Grundsätzlich ist die Geschäftsführung für das interne Kontrollsystem verantwortlich. Aber bezüglich der Maßnahmen, die wir vereinbaren, ist die Revision in der Pflicht, einen geeigneten Prozess aufzusetzen. Auch für die Maßnahmenverfolgung haben wir eine Revisionssoftware eingeführt, um strukturiert und stringent in die Terminverfolgung zu gehen und eine gute Berichterstattung leisten zu können. Aber was ich eingangs schon sagte: Die Maßnahmenverfolgung fängt mit dem Bericht an. Ich brauche eine klar vereinbarte Maßnahme, einen Termin.

In der Praxis können Prozessänderungen aber tatsächlich Jahre dauern. Nützliche Abgaben: Das Gesetz ist schon Jahre alt, aber teilweise scheint das bei den Unternehmen in Deutschland noch gar nicht angekommen zu sein. Auch kleine Veränderungen im Prozess brauchen ihre Zeit und brauchen natürlich jemandem im Unternehmen, der eine nachhaltige Verbesserung erwirken will.

Was kann man noch tun? Zum Beispiel kann man sich überlegen, ob wir in jedem Fall eine sog. präventive Kontrolle, „Preventive Control", brauchen, was z. B. ein IT-System sein kann. Das heißt, dass ich meine Funktionstrennung ganz klar im IT- bzw. im ERP-System abbilden kann. Dann kann auch keiner mehr, der Zahlungen freigibt, bspw. Rechnungen buchen. Ich kann aber auch sagen, dass mir das zu teuer ist oder dass es mir in bestimmten Fällen vielleicht auch nicht wert ist. Dann etabliere ich sog. „Detective Controls", also Kontrollen, die darauf zielen, eine nachgelagerte Kontrollsicherheit zu erlangen, z. B. wenn ich meine Funktionstrennungsprobleme kenne, aber nicht vermeiden kann. Dann guckt sich die Führungskraft z. B. alle drei Monate an, was denn im Rahmen eines Funktionstrennungskonfliktes tatsächlich passiert ist und ob nur übliche Geschäftsvorfälle abgewickelt wurden. So ein Konzept kann es z. B.

auch mit SAP-All Usern geben. Vielleicht gibt es ein paar zu viel, aber dafür gucke ich mir alle drei Monate an, was denn welcher User für Aktivitäten durchgeführt hat.

Das Thema Augenmaß muss auch ein Thema der Revision sein, also z.B. ein Augenmaß für Richtlinien zu entwickeln. Wir wollen die Organisation nicht überstrapazieren, sondern anhand einer Risikobewertung sagen, dass wir hier was brauchen, weil da vielleicht etwas „schief" gelaufen ist. Oder es einfach Regelungslücken gibt. Zum Beispiel Sponsoring: Wie viel läuft denn da über den Aufwand und brauchen wir überhaupt eine Richtlinie? Ja oder nein? Da gibt es einige Möglichkeiten, z. B. erst einmal die Volumina und jeweiligen Genehmigungsprozesse für Einzelfälle zu erfassen.

9 Frühzeitige Einbindung der Internen Revision und Compliance als Zusammenspiel

Wir werden früh eingebunden, auch in Prozessveränderungen, in Prozessneuaufsetzungen und in Vollmachtenkatalogen. Da ist seitens der Gesellschaften gut, nicht abzuwarten („die Revision kommt ja dann irgendwann"), sondern diese proaktiv und im Vorfeld einzubeziehen. Das kannte ich vorher von ThyssenKrupp nicht so sehr. Da war die Revision vielleicht einfach zu weit weg und der Konzern zu groß. Aber bei CLAAS existiert tatsächlich eine Kultur der Einbindung seitens verschiedener Bereiche. Gegebenenfalls resultiert aber auch aus dieser Kultur des „Miteinander" die gegenwärtige Situation, dass wir keinen Compliance-Officer haben. Jedoch haben wir in den letzten Jahren diverse Funktionen geschaffen, die Compliance-Aufgaben wahrnehmen und einen engen Austausch zwischen Recht, IT-Sicherheit, Datenschutz und Arbeitsrecht hergestellt. Von daher ist bei allen das Thema Compliance, Unternehmenssicherheit und IT-Sicherheit stark „auf dem Radar" und auch ganz klar ein Anliegen der Führungsebene und Gesellschafter.

Vielleicht noch ganz kurz dazu, wohin Compliance im Unternehmen gehört. Es wird darüber gesprochen, dass es viele Abteilungen gibt. Ich habe zwei Schlagworte von Prof. Dr. Henning Herzog, Inhaber des Lehrstuhls für BWL und Governance, Risk & Compliance an der Steinbeis-Hochschule Berlin mitgebracht:

„Interdisziplinäres Organisationsmodell." Das könnte es auch für uns sein. Aus meiner Sicht ist die Revision nicht die Compliance-Funktion und sollte es auch nicht sein, da wir unabhängig bleiben wollen und auch sein sollten.

Meldekanäle in China haben wir auch neulich diskutiert. Das ist ein sehr spannendes Thema. Für mich war es z. B. neu, dass es auch in China ein Belohnungssystem für die Abgabe von Whistleblower-Meldungen gibt. Auch die kommunistische Partei hat seit April ein Whistleblower-Onlineportal aufgestellt. Da tut sich einiges und ggf. müssen Strukturen geschaffen werden, um selbst/intern auch über mögliche „Incidents" informiert zu sein.

10 Fazit

Compliance in Zusammenarbeit und als Zusammenspiel verschiedener Funktionen. Jeder Einzelne ist an der Compliance-Organisation beteiligt. Auch hier ist Kultur nochmal Thema. Sensibilisierung ist aus meiner Sicht extrem entscheidend, um Compliance auch wirklich zu leben. Auch die Interne Revision leistet ihren Beitrag z. B. durch konsequente Maßnahmenverfolgung. Vielen Dank.

Silvia Rohe

Die neue MaRisk Compliance-Funktion – Herausforderungen und praktische Umsetzung

Silvia Rohe
Geschäftsführerin, Creditreform Compliance Services GmbH

Vortrag, gehalten am 05. Juni 2014 auf dem
29. Münsterischen Tagesgespräch
„Mittelstand im Blick:
Compliance und Risikomanagement"

Gliederung:

1 Die vierte MaRisk-Novelle

Der Finanzbereich muss sich mit der neuen MaRisk-Novelle auseinandersetzen, welche am 14.12.2012 veröffentlicht wurde. Diese ist letztlich aus internationalen Regulierungsvorhaben wie den CRD IV oder durch die EBA Guidelines entstanden, welche ganz wesentlich die vierte MaRisk Novelle beeinflusst haben. Die wichtigste Neuerung dieser Novelle ist, dass es ein neues Modul innerhalb der MaRisk gibt, nämlich den AT 4.4.2, der sich mit der Compliance-Funktion beschäftigt. Dieser ist eine große Herausforderung für viele kleinere Institute im Finanzbereich, weil diese eine solche Vorschrift bislang überhaupt nicht erfüllen mussten. Daher das Boot, welches als Symbol für diese Herausforderungen stehen soll. Denn die kleineren Institute müssen noch sehr viele Klippen umschiffen und bewegen sich in diesem Thema nach wie vor in einem sehr unruhigen Fahrwasser.

Die Compliance-Funktion soll eine beratende und unterstützende Funktion innehaben und darauf achten, dass die einzelnen Geschäftsbereiche ihrer Verantwortung nachkommen, die relevanten Rechtsnormen erfüllen, keine Lücken in der Überwachung und keine Verstöße entstehen. Inhaltlich orientieren sich die MaRisk an den Vorgaben der EBA-Regelungen. Diese stehen gleichfalls im Einklang mit § 33 WpHG und in Verbindung mit den MaComp, den Mindestanforderungen an Compliance für die Kreditinstitute. Letztere bleiben auch nach wie vor gültig und werden nicht durch die neue MaRisk-Novelle aufgehoben. Die neue MaRisk ist für Finanzinstitute umgehend gültig geworden und ist seit dem 01.01.2013 umzusetzen. Dabei gab es aber eine kleine Einschränkung: Bei allen Anforderungen, die völlig neu sind, hat man den Instituten einen Umsetzungszeitraum von einem Jahr gegeben, also letztlich bis zum 31.12.2013.

In den letzten Jahren hat es eine kontinuierliche Veränderung in der Novellierung der MaRisk gegeben. Bevor die MaRisk im Jahr 2005 veröffentlicht wurden, hießen die Anforderungen MaKred, die Mindestanforderungen an das Kreditwesen. Wenn man die Entwicklung der Novelle im Zeitablauf betrachtet, ist zu erkennen, dass es in den letzten Jahren ungefähr alle zwei Jahre eine Änderung in der MaRisk gab. 2009 kam zusätzlich noch eine Besonderheit hinzu: Leasing- und Factoringgesellschaften wurden durch die Änderung des Jahressteuergesetzes zu Finanzdienstleistern und unterliegen seitdem auch derselben Aufsicht wie Kreditinstitute. Diese hatten mit der Umsetzung der Anforderungen viel zu stemmen und müssen nun seit 2009 auch die MaRisk erfüllen, wobei es durch die kürzlich erschienene vierte Novelle wieder Neuerungen gibt. Diese Gesellschaften haben also seit ein paar Jahren mit diesen Themen zu kämpfen und haben die Umsetzung auch noch nicht vollständig abgeschlossen.

Haben die Institute, also auch Kreditinstitute, die MaRisk bis 31.12.2013 vollumfänglich umgesetzt? Viele große Institute sind zwar gut gerüstet, weil sie in der Vergangenheit auch schon das WpHG umsetzen mussten. Bei kleineren oder auch mittelständischen Kreditinstituten und bei Leasing- und Factoringgesellschaften sieht die Lage aber anders aus. Es gab sogar Institute, die Ende 2013 noch keine Maßnahmen zur Umsetzung getroffen hatten. Eine Umsetzung ist jedoch nicht innerhalb einer Woche möglich. Die Aufsicht hat eine Prüfung mit Augenmaß angekündigt. Im ersten Jahr nach dem Umsetzungsstichtag der MaRisk am 01.01.2014 wird nur geprüft, wie weit der Umsetzungsstand ist. Eine vollständige Umsetzung der MaRisk-Novelle sollte möglichst bis Mitte des Jahres erfolgt sein, aber falls dieses nicht der Fall ist, soll es erst einmal keine Sanktionen geben. Aufgrund dieser Aussage lehnen sich noch immer viele Institute zurück und meinen, noch nicht so viel für die Umsetzung machen zu müssen, da sie ja noch Zeit dafür hätten.

Was bedeutet die vierte MaRisk-Novelle überhaupt? Die MaRisk sind grundsätzlich kein eigenes Gesetz, sondern konkretisieren letztlich den § 25a KWG. Hier geht es um die ordnungsgemäße Geschäftsorganisation von Finanzinstituten und es wird gefordert, dass ein angemessenes Risikomanagement im Institut implementiert sein muss. Das Ziel ist, dass die aufsichtsrechtliche Überwachungsfunktion sachgerecht wahrgenommen werden soll. Dabei gibt der § 25a KWG klare gesetzliche Vorgaben. Die Umsetzung der MaRisk soll praxisnah und flexibel erfolgen. Man spricht hier außerdem von einer Orientierung am sog. „Proportionalitätsgrundsatz". Das bedeutet, dass die Institute bei der Umsetzung der MaRisk eine Methodenfreiheit haben, welche sich nach Größe des Unternehmens und nach Umfang und Komplexität der Geschäftstätigkeit richtet. Im Rahmen der Umsetzung hat man eine Art Ermessensspielraum, wie weit man die Anforderungen umsetzt. Hierfür gibt es aber bis heute leider noch keinen Leitfaden. Jedes Institut muss selber entscheiden, wie es die Vorgaben der MaRisk umsetzt. Die BaFin hat vor mehr als einem Jahr gesagt, dass ein Leitfaden bis Sommer 2013 veröffentlicht werden sollte, der mit Auslegungs- und Anwendungshinweisen die Institute unterstützen soll. Das ist bis heute leider nicht geschehen. Vielleicht hält die BaFin sich zurück, um sich an der konkreten Umsetzung der Institute zu orientieren und erst später Hinweise zur „Best Practice" zu veröffentlichen. So wurde es auch im Rahmen der Geldwäsche gemacht, als der § 25c KWG veröffentlicht wurde, der heutige § 25h KWG. In diesem Fall ist auch erst später ein Leitfaden zur „Best Practice" veröffentlicht worden.

2 Die neue MaRisk Compliance-Funktion

Mit der neuen MaRisk Compliance-Funktion sind manche Institute schlichtweg überfordert. Eine solche Funktion ist verpflichtend einzurichten, auch wenn Institute sich am Proportionalitätsgrundsatz orientieren können. Diese neue Compliance-Funktion wird eine weitergehende Rolle im Institut einnehmen, als es bisher der Fall war, und auch mehr Verantwortung übernehmen. Der Fokus verschiebt sich weg von der reinen WpHG-Compliance hin zu einer erweiterten, bankweiten Compliance-Perspektive. Manche Stimmen sagen, dass es nun eine Funktion bzw. einen Beauftragten gibt, der im Elfenbeinturm sitzt und nur von oben runterschaut. So wird es eher nicht sein. Die Creditreform Compliance Services GmbH hat bei einigen Unternehmen die Compliance-Funktion im Rahmen des Outsourcings übernommen, sowohl für Kreditinstitute als auch für Factoring- und Leasinggesellschaften. Die Compliance-Funktion ist nicht operativ tätig, sondern sie muss die jeweiligen Fachbereiche auf Rechtsnormänderungen hinweisen und auf den entsprechenden Handlungsbedarf aufmerksam machen. Ganz wichtig in dem Zusammenhang ist auch die Etablierung einer Compliance-Kultur, die aus dem IDW PS 980 abgeleitet werden kann. Viele Institute hinterfragen vorsichtig, was es mit der Compliance-Kultur auf sich hat und was sie genau machen müssen. Der Regelungsprozess, die Identifizierung der Risiken, eine Schulung der Mitarbeiter und eine gute Kommunikation gehören zu einer guten Compliance-Kultur dazu. Viele Institute haben zuerst Angst, dieses Thema anzugehen, weshalb ihnen solche Aspekte erst einmal plausibel gemacht und systematisch dargestellt werden müssen.

Die Compliance-Funktion hat sich als Bestandteil des Risikomanagementsystems im weiteren Sinne eingefügt und wird auf gleicher Ebene gesehen wie das Risikocontrolling und die Interne Revision. In der MaRisk-Novelle kommen die drei Verteidigungslinien, die „Three Lines of Defense" vor. Zum einen gibt es die Fachbereiche, die operativ tätig sind und auch schon Kontrollen (z. B. nach dem Vier-Augen-Prinzip) durchführen. Zum anderen gibt es die Compliance-

Funktion, die eine Art Qualitätssicherung durchführt, d. h. ob die regulatorischen Anforderungen ordnungsgemäß umgesetzt wurden. Als letzte Verteidigungslinie gibt es noch die Interne Revision.

Im Gesetzestext steht, dass ein Institut eine Funktion haben muss, die dafür Sorge trägt, dass keine Rechtsnormrisiken entstehen und die eine Risikoinventur (auch Risikoassessment oder Risikoanalyse genannt) durchführt. Die Compliance-Funktion soll direkt der Geschäftsleitung unterstellt sein, weswegen ein Institut darauf achten muss, wer zum Compliance-Beauftragten benannt wird, denn es muss jemand sein, der organisatorisch direkt unterhalb der Geschäftsleitung, dem Vorstand oder der Geschäftsführung eingeordnet ist. Eine solche Einordnung ist für viele Institute auch eine Frage der Ressourcen. So ist die Frage für kleine Institute oftmals, ob diese überhaupt die Möglichkeit haben, jemanden zu benennen. Weiterhin muss die Compliance-Funktion ausreichende Befugnisse haben. Das bedeutet, dass ihr uneingeschränkter Zutritt zu allen Informationen einzuräumen ist, welche für die Erfüllung ihrer Aufgaben erforderlich sind. Auch Weisungen und Beschlüsse der Geschäftsleitung, die für die Compliance-Funktion wesentlich sind, sind ihr bekanntzugeben. Als Compliance-Beauftragter muss man außerdem mindestens jährlich, aber auch anlassbezogen berichten, wenn es bspw. einen Verstoß gegeben hat. Manche Institute bevorzugen jedoch zusätzlich einen Quartalsbericht über die Tätigkeit und die Maßnahmen, die im Quartal umgesetzt wurden.

Die Frage nach der Personalausstattung ist für die Compliance-Funktion von ganz besonderer Bedeutung. Auch wenn die Qualifikationsanforderungen unklar sind, muss man als Compliance-Beauftragter letztlich eine Art „eierlegende Wollmilchsau" sein, welche ein breites Fachwissen besitzen muss. Die genaue personelle Ausgestaltung hängt aber davon ab, wie groß das Institut ist, wie viele Mitarbeiter es hat, welcher Geschäftstätigkeit es nachgeht und wie hoch insgesamt der Risikogehalt ist. Für die konkrete personelle Ausgestaltung gibt es schon einige Erfahrungswerte aufgrund der gegenwärtigen Entwicklung der Compliance-Funktion. Es wird angenommen, dass die zukünftige Mitarbeiteranzahl der Compliance-Funktion etwas mehr als 50 Prozent der Mitarbeiterkapazität der Internen Revision sein wird

3 Praktische Umsetzung der Anforderungen

Wie kann das gesamte Thema praktisch angegangen werden? Hierfür muss ein Risikoanalyseprozess gestartet werden. Am Anfang ist es eine schwierige Aufgabe, die wesentlichen Compliance-Risiken zu bestimmen, weil diese im Vergleich zu den operationellen Risiken (z. B. Prozesse, externe Einflüsse) schwerer greifbar sind.

Wie gut kann ich Rechtsnormen umsetzen und einhalten? Die schwierigste Aufgabe am Anfang ist die, unter Risikogesichtspunkten zu bestimmenden, wesentlichen rechtlichen Regelungen und Vorgaben zu identifizieren. Vor allem vor dem Hintergrund, dass in AT 4.4.2 diese Auswahl offen (nicht klar definiert) dargestellt wird, während in dem Anschreiben der BaFin an die Verbände eine gewisse Vorauswahl mit den Bereichen Wertpapierdienstleistungen, Geldwäsche und Terrorismusfinanzierung, allgemeine Verbraucherschutzvorgaben, Datenschutzvorgaben und Fraud getroffen wurde. Entscheidend ist eine transparente und für Dritte nachvollziehbare Vorgehensweise zur Identifikation der wesentlichen rechtlichen Regelungen und Vorgaben zu entwickeln. Die Durchführung von Expertenrunden ist in diesem Schritt denkbar und hilfreich, jedoch auch die Durchführung von Risikointerviews mit den Mitarbeitern oder den einzelnen Verantwortlichen. Ein wesentlicher Punkt ist, die Prozesse im Unternehmen zu verstehen. Eine solche Prozessbetrachtung hat den Vorteil, dass man sehr tief in das Geschäftsmodell des Instituts einsteigt und viel Transparenz gewinnt. Allerdings ist ein solches Vorgehen gleichfalls auch sehr zeitaufwändig. Durch Risikointerviews oder Workshops mit den Fachbereichen kann man relativ schnell eine Liste der relevanten Rechtsgebiete des Instituts erstellen und somit die Compliance-Risiken identifizieren.

Aus den identifizierten relevanten Rechtsnormen ist im nächsten Schritt abzuleiten, welche davon wesentlich für das Institut sind. Die Bewertung kann auf Grundlage der Eintrittswahrscheinlichkeit und der möglichen Schadenshöhe bestimmt werden, analog zu den operationellen Risiken. Hier kann man betrachten, wie häufig der Schaden z. B. im letzten Jahr oder in den letzten drei Jahren und in welcher Intensität bzw. Schadensauswirkung eingetreten ist. Bei Rechtsnormen kann eine solche Risikobewertung im Einzelfall schwierig sein. Die Einstufung muss ggf. nach Erfahrungswerten und Bauchgefühl erfolgen. Beispielsweise wird jedes Institut bei der Frage mitteilen, wie oft gegen das Geldwäsche-gesetz verstoßen wurde, dass es keinen solchen Verstoß gab und alle Anforderun-gen ordnungsgemäß erfüllt wurden.

Welche Wesentlichkeitskriterien kann es noch außer der Eintrittswahrschein-lichkeit und der Schadenhöhe geben?

■ Zuerst betrachtet man alle Rechtsnormen, die zum Aufsichtsrecht gehören. Wenn diese nicht erfüllt werden, schreitet die BaFin in Form einer Sankti-on, einer Sonderprüfung gemäß § 44 KWG oder eines Bußgeldes ein.

■ Im nächsten Schritt betrachtet man ein weiteres Kriterium, nämlich ob dem Institut durch die Nichteinhaltung einer Rechtsnorm ein Vermögensscha-den entstehen kann. Hier muss eine betragsmäßige Grenze festgelegt werden und sie ist abhängig davon zu machen, ob ein Vermögensschaden die Lage des Unternehmens wesentlich verschlechtern würde.

■ Abschließend ist zu prüfen, ob es möglicherweise Schwachstellen im IKS in den letzten Jahren und Feststellungen der Internen Revision gegeben hat.

In dieser Art und Weise kann man sich der Risikobewertung annähern. Man be-trachtet also z. B. die Kriterien Aufsichtsrecht, Vermögensschaden, IKS und auch mögliche Reputationsschäden und geht davon aus, dass immer dann ein wesentliches Compliance-Risiko vorliegt, wenn bspw. zwei dieser Kriterien er-füllt sind. Dadurch lassen sich aus der Vielzahl der identifizierten relevanten Rechtsnormen diejenigen herausfiltern, die mit wesentlichen Compliance-Risi-ken einhergehen.

Wenn die relevanten Rechtsnormen erhoben wurden und die Wesentlichkeit festgelegt wurde, ist man noch nicht am Ende des Prozesses angelangt. Die Maß-nahmen sind auf Angemessenheit und Wirksamkeit zu überprüfen. Das bedeu-tet, dass im nächsten Schritt ein Rechtsnormmonitoring aufgesetzt werden muss. Hier kann man mit „Alerts" arbeiten. Auch die Verbände schicken sehr viele Informationen bezüglich Gesetzesänderungen an ihre Mitglieder. Eine gute Lösung für das Rechtsnormmonitoring ist z. B. das vom BDB, dem Bundesver-band Deutscher Banken, in Verbindung mit dem Bankverlag entwickelte Com-pliance-Cockpit.

Wenn es eine Änderung in einer Rechtsnorm gibt, die für ein Institut wesentlich ist, muss der Compliance-Beauftragte den Fachbereichen diese Änderung melden und damit anzeigen, dass in diesem Bereich Handlungsbedarf besteht und Prozesse angepasst werden müssen. Im nächsten Schritt sollte man mit den Fachverantwortlichen, mit denen zuvor die Risikoinventur durchgeführt worden ist, regelmäßige Risikomeetings einberufen. In diesen ist einzuschätzen, wie gut die Rechtsnormen im Unternehmen umgesetzt worden sind bzw. wie hoch der Erfüllungsgrad ist und was geschehen würde, wenn die Rechtsnorm nicht umgesetzt wäre oder werden würde. Das ist ein Rückgriff auf den vorherigen Schritt der Risikobewertung.

Neben der Identifizierung und Bewertung der Compliance-Risiken ist eine weitere wichtige Maßnahme die regelmäßige Schulung der Mitarbeiter, um sie für die wesentlichen Rechtsnormen und Compliance-Risiken zu sensibilisieren. Die Schaffung einer Compliance-Kultur ist somit eine der großen Aufgaben und Herausforderungen in den Instituten.

Diskussion

zu den Vorträgen von

Stefan Schmidt
Carola Haselhof
Silvia Rohe

An der Diskussion beteiligten sich neben den Referenten:

Prof. Dr. Dr. h.c. Jörg Baetge
Westfälische Wilhelms-Universität
Münster

Prof. Dr. Hans-Jürgen Kirsch
Westfälische Wilhelms-Universität
Münster

WP/StB/RA Wolf-Achim Tönnes
Partner, Dr. Schumacher & Partner GmbH
Münster

WP Andreas Wenzel
HLB Dr. Stückmann und Partner mbH
Bielefeld

WP/StB Klaus Bittner
Bittner WP/StB
Reinbek

Mathias Wendt
Senior Manager und Prokurist, KPMG AG
Köln

Baetge:

Ich möchte Sie zur nachmittäglichen Diskussion begrüßen. Ich möchte das auch so halten, wie Herr Professor Kirsch das heute Morgen gemacht hat, indem ich dem Plenum die Möglichkeit gebe, an unseren Referenten und unsere beiden Referentinnen Fragen zu stellen. Zögern Sie nicht.

Tönnes:

Eine Frage, die sich allgemein an alle richtet, aber sicherlich auch speziell an Frau Rohe. Wir sind heute Morgen ja durch das House of Governance gewandert. Da gibt es ja offensichtlich zwei Schränke, nämlich den Compliance- und den Risikomanagement-Schrank. Jetzt bin ich heute Nachmittag aber ein bisschen durcheinandergeraten, weil man ja auch sieht, dass es offensichtlich doch etwas durcheinander geht, wo man solche Funktionen jetzt tatsächlich ansiedelt. Wer macht es denn jetzt konkret? In dem Erläuterungsschreiben, das die BaFin zum MaRisk geschrieben hat, steht sinngemäß: Compliance kann eigentlich überall angesiedelt werden, aber wo es auf jeden Fall nicht angesiedelt werden soll, das ist bei der Risikomanagementfunktion. Und ich bin jetzt auf die Idee gekommen, dass das doch eigentlich sehr viel miteinander zu tun hat, Compliance einerseits, Risikomanagement andererseits, wenn man über Risikoinventuren und solche Dinge nachdenkt. Deswegen die Frage: Laufen Compliance und Risikomanagement wirklich? Und ganz konkret: Wieso kommt die BaFin auf die Idee zu sagen, das beides in einer Hand jedenfalls nicht in Frage kommt?

Rohe:

Ich antworte sehr gerne darauf. Die organisatorische Aufhängung ist ein Teil, den ich aufgrund der kurzen Zeit nicht mit aufnehmen konnte. Die BaFin gibt an der Stelle einen Regelfall, einen Wunschfall, vor, nämlich die Beauftragtenfunktion des Instituts unter einem „Dach", bei einer Person zu bündeln. Das heißt, die Aufsicht sieht die Compliance-Funktion als eigenständige Einheit direkt unter Vorstand vor und greift AT 4.4.2 Tz. 3 direkt auf. Gut anwendbar ist dieses bei hierarchisch aufgebauten Unternehmen.

Nur können Sie das in einem kleinen Institut gar nicht darstellen. Und deswegen steht in der MaRisk: Sie können durchaus die Compliance-Funktion je nach Unternehmensgröße auch an andere Kontrolleinheiten anbinden. Das kann z. B. die „Zentrale Stelle" (Geldwäsche, Terrorismusfinanzierung und sonstige strafbare Handlungen) oder auch das Risikocontrolling sein. Das wird auch ganz explizit genannt. Im Risikomanagement oder im Risikocontrolling beschäftige ich mich ja auch mit Risiko-Assessments. Es gibt in allen möglichen Bereichen, je nachdem wie ich das organisatorisch aufhänge, Vor- und Nachteile. Aber was die BaFin ausschließt, ist die Interne Revision. An die Interne Revision darf das Compliance-Management nicht gehängt werden, auch wegen der Unabhängigkeit, was Frau Haselhof heute schon mal sagte. Aber es ist durchaus möglich, die Compliance-Funktion im Bereich Risikocontrolling aufzuhängen.

Haselhof:

Auch aus meiner Sicht kann die Funktion durchaus in andere Bereiche gehören, z. B. in die Rechtsfunktion. Oftmals lehnt diese das aber aus Kapazitätsgründen ab. Diese führt auch eher rechtliche Beurteilungen durch oder kümmert sich um gesellschaftsrechtliche Themen als stark prozessual unterwegs zu sein. Da es im Bereich Compliance tatsächlich um die Etablierung von Prozessen und Entwicklung von Richtlinien zur Einhaltung von Gesetzen und von internen Richtlinien geht, darf aus Sicht der Internen Revision, die unabhängig bleiben muss, die Compliance-Funktion insb. nicht in der Revision angehängt werden. Natürlich kann versucht werden, in einigen Fällen Unabhängigkeit zu bewahren, indem Prüfer für Prozessthemen abgestellt werden. Für diese muss dann aber wieder organisatorisch in der Revisionsabteilung sichergestellt werden, dass, wenn kurze Zeit später der Prüfungsauftrag kommt, nicht dieser Prüfer den Prozess prüft, der ihn entwickelt und aufgesetzt hat. Dann würde er sich selbst prüfen und das würde unser Urteil in Frage stellen. Gerade um solch eine Situation zu umgehen, soll die Compliance-Funktion als prozessgestaltende Funktion nicht in die Revision gehören.

Schmidt:

Um die Frage zu beantworten, bräuchte man eine genaue Vorstellung davon, was eigentlich Risikomanagement ist. Wenn ich die Kreditinstitute verlasse, ist das ja sehr unklar und wird auch in den Unternehmen ganz unterschiedlich gelebt. Wenn ich mal das international anerkannteste Modell zum Risikomanagement

COSO nehme, dann fallen die strategischen Risiken, die operativen Risiken, Reportingrisiken, Compliance-Risiken alle unter den Oberbegriff des Risikomanagements. Aber das ist vielleicht auch ein theoretisches Modell. In den Unternehmen ist das Risikomanagement sehr unterschiedlich aufgebaut. Wir haben für den PS 980 das Thema diskutiert, ob man bspw. einen Compliance-Beauftragten oder eine bestimmte Abteilung oder Abgrenzungen definieren sollte. Da hatten wir Rat aus mittleren, großen und größten Unternehmen bekommen, dass man diese Begriffe besser nicht definiert, weil die Art und Weise, wie Unternehmen hier organisiert sind, sehr unterschiedlich sind und dass es nicht opportun wäre, so zu tun, als gäbe es dafür ein optimales Modell.

Wenzel:

Das führt mich zu der Frage, wie überhaupt die einzelnen Akteure im Unternehmen unter einen Hut gebracht werden können. Wir haben die interne Revision, wir haben den Datenschutzbeauftragten, wir haben den Verantwortlichen für Exportkontrolle, wir haben den Risikomanager, in größeren Unternehmen haben wir noch den Chief Information Security Officer und alle mit zum Teil separaten Berichtswegen an die Geschäftsleitung bzw. an den Vorstand. Rein praktisch gesehen, da die Veranstaltung ja Mittelstand im Blick heißt: Wie kann man das effizient organisieren?

Rohe:

Es ist teilweise relativ schwierig und ich sehe das selbst. In manchen Instituten habe ich mehrere Funktionen inne, dann kann ich dadurch Synergieeffekte schaffen, weil ich, wenn ich Geldwäschebeauftragte bin, natürlich auch den Einblick in andere Bereiche habe. Ansonsten muss ich auch sicherstellen, dass ich die entsprechenden Berichte und Protokolle bekomme als Compliance-Beauftragte. Es ist aus meiner Sicht auch eine enge Abstimmung mit der Revision erforderlich. Mit der Revision sollte man sich auch gut stellen. Ich bin auch darauf angewiesen, dass man sich mit der Revision, wenn sie prüft, dahingehend abstimmt. Wenn ich jetzt einen Bereich geprüft habe (die Revision bekommt natürlich eine entsprechende Information), dann wird die Revision nicht den gleichen Bereich eine Woche später nochmal prüfen. Aber umgekehrt, wenn die Revision einen Bereich geprüft hat und sich daraus Feststellungen, also Findings, ergeben, dann ist dies wieder ein Ansatz, wo der Prozess nicht optimal umgesetzt bzw. vielleicht hier auch die Rechtsnorm nicht korrekt umgesetzt ist. Da muss man einfach nochmal mit den Fachbereichen sprechen. Aber ich bin letztlich schon bei Ihnen. Es ist eine schwierige Sache und man muss auch gewährleisten, dass man auch bestimmte Protokolle erhält. Als Compliance-Beauftragte bin ich auch für neue Produktprozesse zuständig und muss mit eingebunden werden in verschiedene Prozesse. Wenn es hierzu Meetings gibt und entschieden wird, ein neues Produkt einzuführen, ohne dass Compliance eingebunden wurde, dann ist das Kind bereits in den Brunnen gefallen. Also ist es wichtig, eine Berichtslinie einzuführen oder viel Kommunikation zu leisten, damit ich alle Informationen bekomme, die ich brauche. Eine weitere Möglichkeit besteht darin, dass der Compliance-Beauftrage z. B. die Protokolle aus den Vorstandssitzungen erhält.

Baetge:

Ich möchte gerne die Frage von Herrn Tönnes bezüglich Vereinbarkeit nochmal aufgreifen, aber in einer anderen Art und Weise. Ich habe mich während Ihres Vortrags, Frau Rohe, gefragt, wie das denn vereinbar ist, wenn ich für verschiedene Kreditinstitute Compliance-Beauftragte und vielleicht noch Beauftragte für andere Gebiete bin und ich lerne vielleicht durch die Compliance-Beauftragung beim Kreditinstitut A Dinge, die vielleicht dem Kreditinstitut B als Vorteil dienen, weil Sie das Wissen dann entsprechend weitergeben können. Kriegen Sie nicht hin und wieder Nachfragen: Können Sie denn immer die Neutralität wahren? Gibt es nicht Befürchtungen, dass die Lernprozesse, die Sie da durchlaufen, vielleicht andernorts genutzt werden? Ich denke, dass Sie als Compliance-Officer auch in der Situation sind, dass die Kreditinstitute vielleicht im Wettbewerb stehen. Gibt es da Befürchtungen? Können Sie dazu etwas sagen?

Rohe:

Also zur ersten Frage. Gerade wenn man solche Gespräche zum Thema Outsourcing führt, also wenn man in der Vertragsverhandlung ist, dann wird zuerst immer nach den Chinese Walls gefragt: Welche Chinese Walls sind vorhanden? Natürlich haben wir ein Vertragskonstrukt, es gibt Leistungsscheine, da muss ich Vertraulichkeit, Datenschutz usw. bestätigen. Aber dennoch ist das, wie Sie sagen, eine Vereinbarkeit. Manche haben ein ungutes Bauchgefühl, da Fremde Einblicke in die Prozesse haben und das vielleicht mit in ein anderes Institut nehmen. Ich muss also, wenn ich bei dem einen Institut rausgehe, die Tür zumachen. Wenn ich in das andere reingehe, darf ich keine Informationen von A nach B tragen. Das ist nicht erlaubt und dann kann ich auch dafür in die Haftung genommen werden. Das ist eine Sache, die man schriftlich vereinbart und regelt. Wenn ich aus dem Institut A rausgehe, kann ich nicht hergehen und die dortigen Prozesse in ein anderes Institut tragen. Was jedoch nicht heißt, dass ich für die Durchführung eines Risiko-Assessments jedes Mal das Rad neu erfinden muss. Das wäre auch nicht produktiv. Ich habe mir ja im Vorfeld Gedanken gemacht, wie ich ein solches Assessment aufsetze. In der Basis kann für jedes Institut eine Grundstruktur verwendet werden, welche individuell, auch auf die Geschäftsbereiche, angepasst wird. Chinese Walls sind entsprechend zu beachten.

Baetge:

Darf ich vielleicht noch eine Nachfrage stellen? Wie reagiert denn die BaFin, wenn Sie als Compliance-Beauftragte bei einem bestimmten kleineren Kreditinstitut nicht erfolgreich gewesen sind. Gibt es Fälle, in denen die BaFin etwas moniert? Dann moniert sie ja eigentlich die Tätigkeit von Silvia Rohe. Kann man da unter Umständen seinen Ruf verspielen?

Rohe:

Ich bin ja auch immer wieder mit den Wirtschaftsprüfern, also mit Ihnen, die hier im Raum sitzen, in Gesprächen. So hatte ich jetzt auch erst kürzlich ein Kick-Off bei einer Bank zum Jahresabschlussgespräch und in diesem Institut war es tatsächlich so, dass der vorherige Geldwäschebeauftragte die Aufgaben nicht voll umfänglich erfüllt hat. Das heißt, wenn die BaFin meine Arbeit als Geldwäschebeauftragte kritisiert und es gravierende Feststellungen (Findings) gibt, dann ist das nicht nur ein Meckern, sondern kann im Institut eine Sonderprüfung, eine sog. 44er-Prüfung nach sich ziehen. Die BaFin muss der Auslagerung der Geldwäschefunktion auf einen Dritten zustimmen, dies gilt auch für die Compliance-Funktion nach WpHG (MaComp). Die Auslagerung der MaRisk Compliance-Funktion ist bislang noch nicht zustimmungspflichtig. Die BaFin muss mich quasi akkreditieren, dass ich dort die Geldwäschebeauftragte sein darf. Mein Ansinnen und das meiner Mitarbeiter ist, dass wir für jedes Institut, welches die Beauftragtenfunktionen an uns ausgelagert hat, einen guten Job machen. Wenn ich schlechte Arbeit abliefere, dann kriege ich möglicherweise die Quittung dafür, indem das Institut den Outsourcingvertrag mit uns aufhebt. Letztlich kann dies dazu führen, dass die BaFin irgendwann vielleicht sagen wird, „die hat in jedem Institut so einen Mist gebaut", die akkreditieren wir nicht mehr. Das ist natürlich rufschädigend. Das Image würde angegriffen, ja.

Haselhof:

In der Revision ist das natürlich einfacher. Wir haben keine Chinese Walls, d. h. dass wir unsere Geschäftspraktiken im bestimmten Umfang, natürlich auch innerhalb der Gruppe, kommunizieren können, tun das aber auch nicht blümerant. Es geht im Wesentlichen auch um Transfer von „Best Practices". Zum Beispiel haben wir ein SAP-System, das einheitlich aufgesetzt ist für die ganze Gruppe. Warum schafft die eine Gesellschaft es dann, anhand von Artikelklassen eine automatische Abschreibung zu errechnen und eine andere nicht. Es geht darum, Themen, die manchmal so naheliegend sind, in die Gruppe zu tragen. Und bei uns gibt es tatsächlich auch immer ein Störgefühl, wenn wir gar keine Feststellung haben. Das wird Ihnen als Wirtschaftsprüfer oder Steuerberater aber auch so gehen.

Baetge:

Da ich im Moment keine Meldung im Plenum habe, würde ich gerne an Frau Haselhof eine Frage stellen. Sie haben uns gezeigt, dass Sie so drei bis vier Prüfer haben und dazu eine ganz kurze Frage: Reicht das aus? Aber die zweite Frage ist mir wichtiger: Auf einer Folie stand: Internal Auditing berichtet an den Gesellschafter. Heißt das am Vorstand vorbei? Sie selber haben aber dann später gesagt, wir berichten an den Finanzvorstand. Wie passt das zusammen?

Haselhof:

Über Kapazitäten und ob die Revisionsdecke ausreicht, kann man natürlich immer diskutieren. Aus Sicht der Revision reichen diese natürlich nie aus. Man möchte immer gern mehr machen und sieht seine Funktion als wesentlichen Wertbeitrag im Unternehmen an. Dies wird intern auch so kommuniziert, auch anhand von Benchmarks mit anderen Unternehmen vergleichbarer Größe. Es gibt für die Größe der Internen Revision eine "informelle" Messlatte, dass man ca. einen Revisor pro 1.000 Mitarbeiter bräuchte. Da sind wir nicht. Wir sehen bei Unternehmen ähnlicher Größe Revisionsfunktionen, die weniger ausgestattet sind, und andere, die besser ausgestattet sind. Herr Wössner, mein Kollege von Bertelsmann, sagt z. B.: Die Gruppe oder das Unternehmen hat die Revision, die es bestellt.

Damit die Revisionsfunktion einen qualitativ guten Beitrag leisten kann, kann man mit vier Prüfern und zwei Trainees, aber schon eine gute Abdeckung hinbekommen. Wir prüfen unsere Themen, so tief, so dass wir die wesentlichen Risiken im Gesamtzusammenhang erkennen können und entsprechenden „Comfort" geben können oder auch mal nicht. Bei Gesellschaften, die wir mit geringen Risiken einstufen prüfen wir z. B. auch nicht alle drei Jahre.

Zu Ihrer anderen Frage: De facto ist es so, dass ich disziplinarisch am Geschäftsführer Finanzen hänge, aber einen regelmäßigen Jour fixe mit dem Gesellschafter ohne den Finanzvorstand habe und in einem halbjährlichen Termin in der Konzernleitung den Umsetzungsstatus des Jahresplans und wesentliche Ergebnisse der Revision berichte. Ich habe grundsätzlich Zugang zu allen Konzernleitungsmitgliedern und unsere Berichte werden unredigiert verteilt. Das heißt, dass es keine Berichtsdurchsicht meines Vorgesetzten gibt und der Gesellschafter die vollständigen Berichte erhält. Aus dem Grund sind wesentliche Elemente für eine Unabhängigkeit gegeben, die die Position der Revision stärken.

Bittner:

Herr Dr. Schmidt, in der Studie, die Sie zitiert haben, sind ja unter den Delikten das Delikt Bilanzfälschung von 4 Prozent auf 2 Prozent zurückgegangen. Das ist ja die geringste Anzahl aller Delikte, die Sie aufgeführt haben. Unter dieser Ägide: Brauchen wir eigentlich noch solch eine Berufsaufsicht?

Schmidt:

Das ist ja wahrscheinlich auch Ausfluss der präventiven Wirkung der Abschlussprüfung. Deshalb bin ich davon überzeugt, dass man die unbedingt braucht.

Kirsch:

Ich möchte gerne eine Frage an Herrn Dr. Schmidt stellen, die aber in eine etwas andere Richtung geht. Mir geht es dabei um die Frage der Berichterstattung über die Auseinandersetzung – etwas weicher formuliert – mit dem Compliance Management System. Hier haben Sie ja betont, dass deutlich gemacht werden soll, dass es eine Systemprüfung ist und eigentlich nur eine Systemprüfung sein kann. Wenn man das nicht explizit weiß und sich dann den Wortlaut dieser Berichterstattung ansieht, hätte ich persönlich Sorge, dass dadurch vielleicht sogar wieder so etwas wie eine neue Erwartungslücke entsteht, weil man das Systemprüfungselement vielleicht nicht auf den allerersten Blick entdecken kann.

Schmidt:

Ich habe ja nur einen ganz kleinen Ausschnitt im Hinblick auf das Urteil vorgetragen. Die eigentliche Bescheinigung, die auch nur ein Teil des längeren Berichts ist, weist aber ausdrücklich darauf hin, wo die Möglichkeiten und Grenzen dieser Prüfung sind und dass es sich um eine Systemprüfung handelt. Das war uns auch ganz besonders wichtig, weil in den zwei Jahren, in denen wir den Prüfungsstandard entwickelt haben, diese Frage im Grunde immer und von allen Beteiligten wieder gestellt worden ist, nicht nur von den Wirtschaftsprüfern, sondern auch von den Unternehmensvertretern und den Juristen, mit denen wir diesen gemeinsam entwickelt haben. Da haben wir schon sehr großen Wert drauf gelegt. Es war uns schon klar, dass da eine Erwartungslücke entstehen könnte.

Kirsch:

Es wird aber nach wie vor an eine eher standardisierte Berichterstattung? Das mag gerade vor dem Hintergrund der aktuellen Diskussion um die Vermittlung des Prüfungsurteils im Kontext Abschlussprüfung etwas überraschen, wo wir ja vermutlich demnächst eine etwas weniger standardisierte Berichterstattung haben werden.

Schmidt:

Das, was standardisiert ist, ist im Grunde das Endurteil, wenn man so sagen will, die Opinion. Die wird auch in Zukunft – im Übrigen auch bei der gesetzlichen Abschlussprüfung – noch standardisiert sein. Das Konzept ist hier aber, dass es ein richtiger Prüfungsbericht ist. Das heißt, dass ich auf vielen Seiten eine genaue Beschreibung des Gegenstandes, der Durchführung der Prüfungshandlungen und auch der Empfehlungen habe, die für Themen gegeben werden, die man erkannt hat, die aber nicht direkt zu einer Einschränkung des Prüfungsurteils führen. Das endet dann im Endeffekt in einer standardisierten Formel. Aber das muss schon im Gesamtkontext gesehen werden. Deshalb haben wir hier nicht ein Testat eingeführt, sondern einen Prüfungsbericht.

Baetge:

Ich würde auch gern eine Frage an Sie, Herr Dr. Schmidt, stellen. Sie haben bei dem Bericht über die Befragungen der Unternehmen, wo ja vor allem die größeren stärker vertreten waren, positiv beurteilt, dass 74 Prozent bejaht haben, dass sie ein formales Compliance-Programm besitzen. Ich finde das schwach.

Schmidt:

Sie sagen, dass 74 Prozent zu wenig ist? Gut ist das im Vergleich zu den Befragungen aus 2005 bis 2011. Dann ist ja noch die Frage, was man eigentlich unter einem Compliance-Programm versteht. Es ist und bleibt ja gewissermaßen auch ein Modebegriff. Ich gehe davon aus, dass auch die Unternehmen, die hier gesagt haben, dass es bei ihnen kein formales Compliance-Programm gibt, trotzdem Vorkehrungen getroffen haben, um Regelverstöße in den relevanten Bereichen zu vermeiden. Hier muss man sich sicherlich auch in die Situation des Fragenden und des Befragten hineinversetzen. Wenn ich nach einem formalen Programm frage und jemand antwortet „Nein", heißt das in meinen Augen noch nicht, dass da gar nichts gemacht wird. Ansonsten ist die Entwicklung sicherlich positiv, die wir aufgezeigt haben.

Wendt:

Ich hatte in den letzten Jahren immer wieder einmal Gelegenheiten, mir in einzelnen Regionalbanken den Umgang mit dem Thema „Vorkehrungen gegen betrügerische Handlungen" anzuschauen. In diesem Bereich sind die Banken schon seit einigen Jahren verpflichtet, tätig zu werden. In vielen Fällen hat mich die vorgefundene Praxis nicht wirklich überzeugt, gerade dann nicht, wenn die zentrale Stelle outgesourct wurde. Ich möchte das an einem Beispiel veranschaulichen: In einer Regionalbank geht bei der outgesourcten zentralen Stelle ein Verdachtshinweis auf eine mögliche betrügerische Handlung ein. Die zentrale Stelle geht dann hin und gibt diesen Hinweis weiter an die Interne Revision der Bank. Die Interne Revision nimmt dann im Regelfall Untersuchungshandlungen vor, die aber häufig im Sande verlaufen oder zu einem sachlich unbefriedigenden Ergebnis führen. Der entsprechende Bericht der Internen Revision geht dann an die zentrale Stelle, die dann regelmäßig auch die Angelegenheit als erledigt abhakt. Kritische Nachfragen der (outgesourcten) zentralen Stelle bei der Internen Revision habe ich noch nie erlebt. Weil Sie ja eben sagten, Frau Rohe, Sie wollen es sich mit der Internen Revision nicht verderben, lautet meine Frage an Sie: Wie stellen Sie als (outgesourcte) zentrale Stelle sicher, dass die Untersuchungen der Internen Revision professionell und vor allem auch Compliance-konform gemacht werden? Intervenieren Sie, wenn das in Einzelfall nicht der Fall sein sollte oder scheuen Sie den Konflikt mit der Internen Revision? Denn dann haben Sie vermutlich die Interne Revision nicht mehr auf Ihrer Seite. Eine zweite Frage: Seit dem 01.01.2014 müssen ja auch Banken ein Hinweisgebersystem unterhalten? Sind Sie als (outgesourcte) zentrale Stelle regelmäßig auch Empfängerin der entsprechenden Hinweise?

Rohe:

Ja, für einige Institute, die die Compliance-Funktion an mich outgesourct haben, übernehmen wir auch diese sog. Whistleblower-Stelle oder Compliance Helpline, wie immer man das nennen möchte. Mit dem CRR und CRDIV (Kaptialadäquanzverordnung und -richtlinie) werden im Zuge der KWG-Novelle (§ 25a (1) Satz 6 Nr. 3 KWG) die Banken verpflichtet bis spätestens 1. Januar 2014 ein Hinweisgebersystem einzuführen. Auch das ist ein neues Thema, was man ganz schlecht greifen kann. Ich habe jetzt über 200 Mitarbeiter einer Bank zum Thema Compliance und Whistleblowing geschult. Die Mitarbeiter selber sind sehr verunsichert, was das jetzt heißt, denn Whistleblowing wird häufig als Blockwartmentalität oder Denunziantentum dargestellt. Es ist ein sehr sensibles Thema, welches in den nächsten Monaten abzuwarten bleibt. Aber zum Anfang Ihrer Frage zurückzukommen: Was ist, wenn ein Verdachtsfall hochkommt? Wir hatten den einen oder anderen Verdachtsfall in verschiedenen Instituten. Da melden sich die Mitarbeiter bei uns und nicht bei der Revision. Wir haben dann diesen Verdachtsfall aufgegriffen und untersucht, natürlich letztlich auch in Abstimmung mit der Revision. In einem Fall hat die Revision auch eine Strafanzeige erstattet. Es hat bisher wunderbar funktioniert, dass wir da gemeinsam angepackt haben. Aber ja, es ist sicher nicht ganz trivial zu handhaben.

Haselhof:

Eine spannende Frage ist ja immer auch, wer denn dann prüft? Prüft jetzt Compliance oder prüft die Revision? Und das andere Thema, was schon angesprochen wurde: Reicht eine Revision von vier, fünf, sechs Köpfen? Quantitativ kann man dazu eine Aussage treffen, aber ich muss ja auch sicherstellen, dass die Köpfe das können, was sie können sollen, um potentielle Risiken überhaupt zu identifizieren. Wenn die Prüfer von ihrer Ausbildung oder von ihrem Ansatz – das gibt es ja – nicht in der Lage dazu sind, dann hilft natürlich auch der einzelne Kopf nicht. Und eine Situation, in der andere Funktionen dann nach der Revision lieber noch einmal selber prüfen, ist inakzeptabel.

Kirsch:

Wenn ich da direkt nochmal nachhaken darf, Frau Haselhof. Sie hatten in Ihrem Vortrag angesprochen, dass Sie in regelmäßigen Abständen einem Quality Assessment unterliegen. Wie sieht das aus und wer macht das?

Haselhof:

Die Berufsstandards sehen die Option vor, dass es tatsächlich interne Quality Assessments von einer Funktion außerhalb der Revisionsabteilung geben kann. Regelmäßig wird das aber von Externen übernommen, üblicherweise Wirtschaftsprüfungsgesellschaften, die aber nicht der Abschlussprüfer sind. Die Standards schreiben einen Turnus von fünf Jahren vor, so dass es auch bei uns bald wieder soweit ist.

Baetge:

Darf ich einmal die Fragen miteinander verbinden: Whistleblowing und Mitarbeiterzahl. Wenn man ein gut funktionierendes Whistleblowing-System hätte, das den Mitarbeitern die Sicherheit gibt, dass sie keine bösen Konsequenzen zu befürchten brauchen, könnte man dann die Whistle-Informationen nicht als Aufgreiftatbestände für Ihren Bereich nehmen und so die Zahl der Prüfer kleiner halten?

Haselhof:

Das Thema Whistleblowing wird bei uns auch diskutiert. Vor Einrichtung einer solchen Hotline muss man sich Gedanken darüber machen, wie der gesamte Prozess auszugestalten ist: Wie wird mit den Meldungen umgegangen, wer prüft die Meldung z. B. auf Plausibilität und potentiellen Wahrheitsgehalt, wer muss informiert werden und wer entscheidet über Prüfungshandlungen. Es wird aus meiner Erfahrung viel gemeldet, teilweise kann es sich dabei aber auch um Racheakte von entlassenen und frustrierten Mitarbeitern handeln. Eine Abwägung, welche Maßnahmen ergriffen werden, muss getroffen werden. Bei der Annahme von zahlreichen Meldungen kann dann die Kapazität einer bestehenden Revisionsabteilung ggf. zukünftig nicht mehr ausreichen. Ein Gefühl, was bzw. wie viele Meldungen erwartet werden haben wir zwar, aber das sieht man erst, wenn es soweit ist.

Baetge:

Herr Schmidt, darf ich Ihnen vielleicht noch eine andere Frage stellen: Sie haben ja sehr betont, dass eine Compliance-Kultur vorhanden sein muss. Ich habe mich mit Unternehmenskultur beschäftigt und da stellt sich für mich die Frage: Es gibt ähnlich wie bei der Unternehmenskultur bei der Compliance-Kultur Funktionen, wie Transparenz, Identifizierung mit dem Unternehmen und Integration von Mitarbeitern und, und, und. Das sind so die Funktionen von Unternehmenskultur. Daher meine Frage: Was sind die Funktionen von Compliance-Kultur? Ist das in Ihrem Kreis geklärt worden?

Schmidt:

Wir haben in dem Standard eine ganze Reihe von Beispielen genannt, was zu einer guten Compliance-Kultur dazugehört. Aber die Frage ist ja eher: Was bewirkt eigentlich die Compliance-Kultur? Was bewirkt eine gute Compliance-Kultur? In meinen Augen bewirkt sie, dass die Mitarbeiter erkennen, dass bestimmte Programme, bestimmte Maßnahmen und Regeln nicht nur eingeführt worden sind, um sie ins Schaufenster zu stellen, sondern dass das Unternehmen und der Vorstand diese Dinge ernst nehmen und tatsächlich wollen, dass die Mitarbeiter sie einhalten. Das funktioniert eben nur mit so einer positiven Grundeinstellung und einem guten Wertemanagement. Dazu gehört allerdings auch, und das ist vielleicht auch der Test im Endeffekt, dass das Unternehmen darauf auch reagiert, wenn schwere Verstöße festgestellt werden, nicht nur Ursachenanalyse betreibt, sondern eben auch, wenn es wirklich drauf ankommt, harte Maßnahmen ergreift und es im Unternehmen auch bekannt ist, dass Regelverstöße wesentlicher Art nicht toleriert werden. Das ist zum einen das positive Wertemanagement, aber auch die Bereitschaft, zu zeigen, dass man es ultimativ ernst nimmt und Regelverstöße nicht akzeptiert.

Haselhof:

Die Ausstrahlungswirkung von Konsequenzen sollte nicht unterschätzt werden, welche aus meiner Sicht einen sehr präventiven Charakter haben. Wir wollen uns grundsätzlich mit unseren Richtlinien darauf konzentrieren, was uns besonders wichtig ist. Wir wollen kein inflationäres Erstellen und Haushalten von Richtlinien und wollen auch nicht für jeden einzelnen Sachverhalt eine Richtlinie schreiben. Wir wollen die Dinge regeln, die uns aus einer Risikobetrachtung wichtig sind. Wir wollen aber auch unsere Kultur des „verantwortlichen Geschäftsführers" bewahren.

Baetge:

Wobei diese, so wie Sie das dargestellt haben, eher rückwärts gerichtet sind oder das, was Herr Schmidt gesagt hat, zunächst mal rückwärts gerichtet ist. Das klingt so, wie da ist etwas Falsches passiert und dann „Hau den Lukas". Ich übertreibe jetzt. Wäre es nicht präventiv und besser, deutlich zu machen, welches die Kriterien sind, an denen man das Handeln misst? Selbstverständlich ist die Einhaltung des Rechts. Aber kann man konkretere Regeln festlegen, die das Miteinander der Mitarbeiter, die das Wirken von oben nach unten und von unten nach oben, etwas genauer konkretisieren. Das geht schon los mit der Frage, wie denn ein System von Kriterien, die die Compliance-Kultur bestimmen, festgelegt werden soll. Wenn der Vorstand von oben sagt, dass das so gemacht wird, dann finde ich, ist das nicht sehr erfolgversprechend. Wenn man diese Kriterien aber im Unternehmen abfragt und in Arbeitsgruppen gemeinsam erarbeitet und das dann miteinander vereinbart und auch schult, dann ist es auf Dauer wirksamer – und vor allen Dingen wird klar, dass nicht Befehl und Gehorsam und „du kriegst hinterher was drauf" gelten, wenn du die Kriterien nicht eingehalten hast, sondern es ist besser, von vornherein sozusagen alle Beteiligten mitzunehmen.

Schmidt:

Da stimme ich zu. Die Mitarbeiter müssen natürlich abgeholt werden. Einfach nur von oben eine Regel vorgeben ohne zu erklären, welche Bedeutung sie hat und warum sie eingeführt wird und dann unverhofft zu bestrafen, das wäre ja rein kafkaesk. Meines Erachtens könnte das nicht zielführend sein. Auch die Bestrafung ist im Endeffekt nur die Ultima Ratio, die aber im Unternehmen auch existieren muss, um zu zeigen, dass man es tatsächlich nicht nur gepredigt und erklärt hat, sondern auch ernst meint. Das Präventive, Proaktive, das Gemeinsame geht aber natürlich vor.

Haselhof:

Wir haben z. B. „Grundsätze der Führung und Zusammenarbeit" etabliert, wo unter anderem der respektvolle Umgang miteinander (nicht nur innerhalb des Unternehmens, sondern auch mit unseren Geschäftspartnern), Verlässlichkeit und die Bereitschaft zum Wandel adressiert sind. Diese Grundsätze wurden vor meiner Zeit bei CLAAS aufgestellt und werden von mir als tatsächlich gelebtes Wertekonstrukt empfunden.

Schmidt:

Ich kann, wenn Sie wollen, ein Beispiel bringen, was mir mal bei einem Unternehmen aufgefallen ist. Da ging es um die Einführung eines Beschwerdemanagements oder eines Whistleblowing-Verfahrens. Es gab die Möglichkeit, das Verfahren einfach einzuführen, eine Hotline einzurichten, den Mitarbeitern zu sagen: Wenn es Hinweise auf Probleme, auf Verstöße gibt, bitte nutzt die Hotline. Das Unternehmen hat sich aber im Sinne einer guten Unternehmenskultur dazu entschieden, das in einen Kontext zu stellen und noch einmal zu erklären, wie man erwartet, dass Mitarbeiter und Vorgesetzte miteinander umgehen und erklärt, dass, wenn man Probleme sieht, zunächst einmal mit seinen Kollegen, mit den Vorgesetzten – auch kaskadisch – diese Themen bespricht und gemeinsam versucht, zu einer Lösung zu kommen. Wenn aber auf den Hierarchiestufen diese Gespräche abgeblockt werden, wenn man da nicht weiterkommt, dann hat man die Möglichkeit, eine neutrale Stelle zu nutzen. Das ist dann eher Ausdruck einer guten Unternehmens- oder Compliance-Kultur.

Wendt:

Ich würde gerne noch einmal auf das Thema Compliance-Kultur eingehen, weil ich glaube, dass das ein ganz zentrales Thema ist. Das sagt ja auch der IDW PS 980, der davon ausgeht, dass die Compliance-Kultur von zentraler Bedeutung ist und die anderen CMS-Elemente sich bildlich gesprochen darum herumranken. Ich habe, Herr Prof. Baetge, früher einmal Ihren Aufsatz gelesen, den Sie mit Prof. Schewe und anderen zum Thema Unternehmenskultur geschrieben haben. Da ging es ja eher um den Zusammenhang zwischen Kultur und Performance eines Unternehmens. So jedenfalls habe ich es verstanden. Das sind ja auch die Fragestellungen, die vor einigen Jahren intensiv diskutiert wurden: Wie werden wir so erfolgreich wie die japanischen Unternehmen? Was müssen wir auf der kulturellen Ebene machen? Compliance-Kultur ist demgegenüber ein relativ neues Thema. Allerdings gibt es bereits einige Tools, die aus entsprechenden Mitarbeiterbefragungen Aussagen zur Integritätskultur eines Unternehmens ableiten. Bei den zugrundeliegenden Kriterien geht es z. B. um die Konsistenz und die Klarheit der Kommunikation von Erwartungen durch die Unternehmensführung und um die entsprechenden Wahrnehmungen seitens der Mitarbeiter. Diese Tools könnte man sicherlich auch für eine Evaluierung der Compliance-Kultur nutzen. Des Weiteren möchte ich auf einen Praxisleitfaden vom Bundesministerium des Inneren hinweisen, der vielleicht für alle interessant ist, weil er im Netz frei verfügbar ist. Das BMI hat in einem Initiativkreis Korruptionsprävention Bundesverwaltung/Wirtschaft u. a. einen Praxisleitfaden für Antikorruptionsmaßnahmen erstellt, der verschiedene Fragestellungen enthält, die praxisnah eine erste Evaluierung der Compliance-Kultur ermöglichen. Das kann für ein Unternehmen ein erster Schritt sein, um das Thema handhabbarer zu machen. Abschließend noch ein weiterführender Hinweis zum Thema Kulturevaluation: Die Banken haben ja, jedenfalls in der öffentlichen Wahrnehmung, weitgehend Schiffbruch erlitten. Trotz hoher Regulierungsintensität ist die Finanzmarktkrise über uns hineingebrochen, was dazu geführt hat, dass auf der Ebene der G20 Überlegungen eingesetzt haben, was denn von der Aufsichtsseite noch getan werden kann. Diese Überlegungen haben u. a. dazu geführt, dass man sich mit dem Thema des internen Kontrollumfeldes i. S. v. COSO, aber auch mit dem Thema Risikokultur von Banken noch einmal intensiv beschäftigt hat. So gibt es jetzt ganz aktuell eine neue Guidance des Financial Stability Boards an die aufsichtsführenden Behörden in den G20-Ländern, der zufolge sich zukünftig jede Bank ein Bild von der tatsächlich bestehenden Risikokultur verschaffen soll – und zwar nicht irgendwie spekulativ, sondern auf der Basis einer konsistenten Evaluierungsmethodik. Welche Methode das sein soll, wird nicht vorgegeben. Die Guidance dürfte aber dazu führen, dass sich in diesem Bereich in nächster Zeit auch methodisch Einiges weiterentwickeln wird. Das dürfte perspektivisch auch Konsequenzen für die Frage nach der Evaluierung der Compliance-Kultur haben.

Baetge:

Ganz herzlichen Dank. Ich will dazu sagen, dass es leider in der Landschaft der Bankenpraxis viele Anlässe gab, zu denken, dass das mit der Unternehmenskultur dort nicht zum Besten bestellt ist. Die Gier ging sehr häufig von oben aus – Tone of the top, der Fisch stinkt am Kopf zuerst – und das ist natürlich kontraproduktiv. Aber das, was Sie sagen, ist sehr ermutigend und vielleicht ein gutes Schlusswort gewesen für diesen heutigen Nachmittag. Sie haben sicher schon alle auf die Uhr geschaut. Wir haben ja versprochen, dass wir pünktlich Schluss machen. Das möchte ich jetzt hiermit tun, wenn Sie erlauben. Zunächst möchte ich den Mitarbeitern von Prof. Kirsch ganz herzlich dafür danken, dass Sie das alles so wunderbar organisiert haben. Frau Kraft hat das verantwortlich gemacht. Herzlichen Dank dafür. Aber das Wichtigste einer Veranstaltung sind natürlich die Referentinnen und die Referenten und für deren hervorragende Vorträge hierfür unseren herzlichsten Dank. Ich sage sehr gern: Ich fühle mich sehr bereichert vom heutigen Tage, von Ihren Anregungen, und ich hoffe, dass es den anderen Herrschaften auch so gegangen ist. Dafür nochmal ganz herzlichen Dank.

Kirsch:

Eine kurze Schlussbemerkung: Man kann zu vielen Dingen Vorstellungen und Regeln erlassen, wie z. B. zur Compliance, aber es steht und fällt mit den Menschen, die damit umgehen, auch mit der Form der Kommunikation. Ich hoffe, dass Ihnen der heutige Tag gefallen hat. Bevor ich Ihnen eine angenehme Rückreise wünsche, möchte ich noch daran erinnern, dass wir im Anschluss an dieses Tagesgespräch wieder die Mitgliederversammlung des Münsteraner Gesprächskreis durchführen. Wir dürfen Ihnen nochmal ganz, ganz herzlich danken, dass Sie den Weg nach Münster gefunden haben und würden uns sehr freuen, wenn wir Sie bei dieser oder einer anderen Gelegenheit einmal wiedertreffen werden. Es wird auch in den nächsten Semestern wieder regelmäßige Abendvorträge geben, und die Frage des Themas des nächsten, dann 30. Tagesgespräches ist sicherlich eine sehr spannende, aber auch darüber werden wir Sie natürlich rechtzeitig informieren. Nochmal herzlichen Dank und eine gute Heimreise.